黄金の卵を産む
ニワトリの育て方

FXトラリピ最強トレーダーの投資術

あっきん／鈴 著

contents

第3章  「あっきん」スタイル

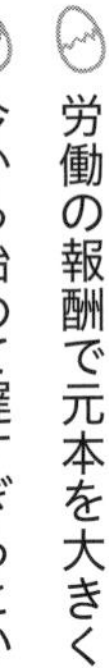

第5章 トラリピ成功の極意　心構え編

第6章   トラリピ成功の極意　技術編

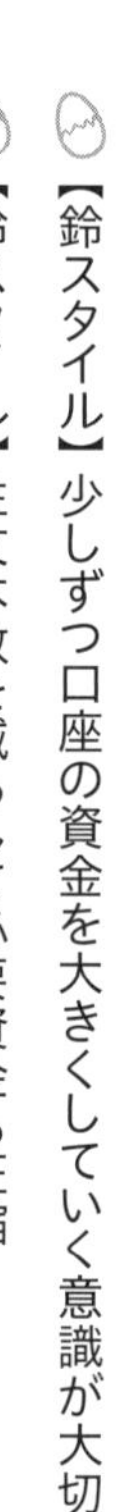

contents

装丁／大滝奈緒子（ブラン・グラフ）
執筆協力／鹿内武蔵

プロローグ　お金を生み出し続ける装置

「1日2ドル（日本円で200円ほど）で生活しなければいけない場合、どうやって生活の質を向上させるか？」

こう聞かれたマイクロソフトの共同創業者ビル・ゲイツ氏は、次のように答えたという。

「ニワトリを育てればよい」

ニワトリは、地面に落ちているものを何でも食べて成長するので育てやすく、牛や豚のように大きくなりすぎないため、力が弱い女性でも世話ができる。それでいてめんどりなら毎日栄養のある卵を産み、おんどりと交配することで、短期間で大きく増やすことができる。そして成長したニワトリは売ってお金に換えることもできる。

実際にビル・ゲイツ氏は、アフリカ諸国に対して10万羽のニワトリを寄附すると表明したことでも知られている。でも、せっかく手に入れたニワトリを鶏肉としてすぐに食べてしまったら、一度限り。継続も成長もない。

本書で解説したいのは、まさにこの**継続と成長**だ。長い年月にわたって卵を産み続けるニワトリを育てるための知識、技術、考え方を、先駆者に語ってもらいながら皆さんと共有することが目的である。

現在、我が国は、長らく続く経済的低迷と増税、少子高齢化による社会保障費の増大という、人類史上例を見ない難題に向き合っている。「老後2000万円問題」に代表される、漠然とした将来への経済的不安を抱えている方も多いだろう。そういった方々にとって、労働でも社会保障でもない、新たな経済的選択肢を提案する。それがFX（Foreign Exchange／外国為替証拠金取引）の自動売買、「トラリピ（トラップリピートイフダン）」だ。この時点でFXの知識がなくても、トラリピを知らなくても問題ない。

2020年代に突入して、「働き方改革」が推進されてもなお、恒常的な長時間労働に苦しんでいる方がたくさんいるだろう。そういった方々が、リタイアも含め主体的に労働スタイルを決めるには、経済的な充実が必須。トラリピは、そういった勤め人をサポートできるポテンシャルを秘めている。

トラリピはＦＸやＣＦＤ（Contract For Difference／差金決済取引・証拠金取引）などの金融商品における、自動売買のシステムなのだが、今はまだ詳しく分かっていなくても問題ない。**重要なのは、継続と成長を意識すること。**

ここから先は、トラリピを通じて、盤石の経済基盤と自由な生活を手に入れた**二人の先駆者である、あっきんさん、鈴さん**に、トラリピを軸として、一生ものの経済基盤を構築し、継続して成長させていくアプローチを解説していただく。

ただしこの本は、よくあるＦＸの手法解説書ではないし、近未来の相場の行方を予想する経済誌ともスタンスが違う。トラリピの技術はもちろん解説するが、それ以上に人生を通じて**「お金を生み出し続ける装置」をじっくり構築していくメンタルを身に付けていただきたい。**

一攫千金は狙わない。時間はかかるかもしれないが、金の卵を産み続けるニワトリを育てていこう。

第1章

老後2000万円問題が気付かせてくれたこと

労働でも年金でもない第三の経済基盤

2019年6月3日、金融庁の金融審議会「市場ワーキング・グループ」が公表した「高齢社会における資産形成・管理」が大きな騒ぎとなった。この報告書では、夫65歳、妻60歳の無職夫婦が、健康寿命が延びることにより、夫95歳、妻90歳まで今後30年間生きると仮定すると、平均的な生活費に対して平均的な収入（年金がメイン）では毎月5・5万円ほど不足するという。つまり、5・5万円×12カ月×30年で、約2000万円が不足するという内容だった。

これに対して、あたかも2000万円以上貯めていない世帯は破綻（はたん）するかのようなセンセーショナルな見出しがメディアに並んだため、**「老後2000万円問題」というキーワードが、そこかしこに見られた。**

報告書の内容自体は、これといって目新しい情報ではなかった。にもかかわらず、メディアの煽（あお）るような報道があったにせよ、これだけの強い反応があったのは、**多くの人が経済的な不安を潜在的に抱えているから**だろう。

今後、年金の支給開始年齢はさらに遅くなっていく可能性がある。だから、老後を迎える前にお金を貯めておきたい、でも会社の給料はなかなか上がらず、副業をするような余裕もない、あるいは副業自体が禁止されている……。そんな今こそ、労働でも年金でもない、新しい経済的な基盤を構築しなければいけない時期に差し掛かっているのではないだろうか。

少々騒がれ過ぎた面はあるにせよ、**老後2000万円問題が、未来の経済的な課題を考えるきっかけとなった人は多い**だろう。

現実問題として投資以外に選択肢はない

それでは、新しい収入の柱には何が適しているのか。現実問題として、多くの勤め人の方、あるいは主婦業をされている方にとって、時間を切り売りするタイプの副業をする余裕はあまりないはず。本業が終わったあとや空き時間に働こうにも、許された時間は短いため、たくさん稼ぐことは難しい。また、体力的な負担も大きいだろう。短時間で大きく稼げるような特殊技能を、本業とは別に持っているなら話は別だが。

また、勤務先がいまだ副業を禁じているケースもあると思う。公務員などはその典型だ。

それではどうやって本業以外の方法でお金を増やすのか。**効率がよく、勤務先に関係なく誰でも取り組める新たな収入源といえば、それは投資以外にない。**労働の対価としてお金を得るのではなく、お金自身を働かせて自己増殖させるのだ。

ところで、投資に危険なイメージを持つ人もいるだろう。このイメージはある程度は正しい。なぜなら投資は、**お金を失うリスクがあるからこそ、お金が増えるリターンが望める。**これこそがお金自身を働かせるということ。

ただし、私たちが**取り組むべきは投資であって、ギャンブルではない。**どれくらい負けるか分からない、お金がいくら必要になるか想像もつかない……、これはギャンブルだ。この本では、数ある投資の中でもFXの、トラリピという自動売買を解説するが、**スタート前の段階で最大リスク（最悪のケースだと、どれだけお金が減るか）がはっきり分かっている。**また、過去の実績からどの程度のリターンが得られるかも、ある程度は予想できる。伸るか反るかといった不確定要素がかなり少ない、現実的で長く取り組めるやり方を解説していく。

毎月資金の1%を得られる

この本の主役であるトラリピは、株式会社マネースクエアが提供しているＦＸにおける自動売買だ。その名の通り、自動的に売買が繰り返されるので、普段忙しい人でも無理なく運用することができるだろう。

そして、トラリピは長いスパンでの運用に向いた商品だ。短期間でまとめて稼ぐような瞬発力、爆発力はないものの、長い年月をかけてコンスタントな資産の積み重ねが狙える。まさに、「金の卵を産み続けるニワトリ」になり得る存在だ。もう少しだけ詳しくいうと、**可能な限りリスクを抑えてほったらかしで運用でき、取引資金の平均1%程度を毎月得られる状態を、時間をかければ誰でも構築できる可能性が高い。**

設定にもよるものの、かなり安全を重視した設定でも、取引資金が１００万円なら平均1万円、１０００万円なら平均10万円を毎月得られる。それこそ、あっきんさん、鈴さんは、２０００万円の資金を運用して、毎月平均20万円の不労所得を得ている。これこそが目指すべきお金を生み出し続ける装置といえるだろう。

最初は少額でも時間をかけて成長させられる

とはいえ、「最初から２０００万円も持ってないよ」という人のほうがおそらく多いだろう。でも安心していただきたい。あっきんさんも、鈴さんも、**最初は少ない資金からスタートしている。**しっかり資金管理をしながら、複利効果を生かしつつ、本業の収益を積み立てていくことで、ニワトリは着実に成長していく。

不労所得を生み出し続ける装置をまず構築し、それを時間をかけて強化していくことにかけて、トラリピほど向いている商品はないはずだ。

２０００万円で逃げ切るのではなく新しい人生を

ところで、老後２０００万円問題は、「寿命から逆算した残りの人生を逃げ切るためには、平均的な収支なら２０００万円くらいはかかりますよ」ということを言っているに過ぎない。

でも、これってもったいなくはないだろうか？　ここまで読んでくださった方なら、もう気付いているはず。2000万円でトラリピの仕組みを構築すれば、毎月平均20万円の不労所得が入ってくる。それなら、せっかく貯めた2000万円を逃げ切るために取り崩すのは、あまりにもったいない。

そうなのだ。2000万円はゴールではなく、新しい人生のスタートだ。人によって生きるために必要なお金は違ってくるものの、継続して金の卵を産んでくれるニワトリがいるなら育てながら共に生きていくのが一番。**生活費が補充されるサイクルを構築した上で、新しい人生を踏み出そう。**科学が急激に進歩して、人間の平均寿命がいきなり何倍にもなるかもしれないし。

第2章

トラリピが資産運用に向いている理由

まずは、この2枚のチャートを見比べていただきたい（左ページ）。

1枚目は、有名なNYダウ（図②-1）、2枚目は豪ドル／円（図②-2）の、1995年からの月足チャートだ。銘柄以外は全く同じ設定のチャートだが、形は全く違う。NYダウは誰の目にも明らかな上昇トレンドであるのに対し、豪ドル／円は**上がったり下がったりしつつ、結局元の位置に戻ってきている。**

これは、その銘柄の特性による部分が大きい。NYダウは、米国を代表する有名企業の株価平均値で、つまりは米国の株価全体の価値。原則的に経済は成長していく宿命にあるので、良いことや悪いことがありながらも、長い目で見れば値上がりしていく可能性が高い。NYダウのチャートはその典型例で、米国経済が持続的に成長していることを表している。

それに対して豪ドル／円は、豪州の通貨である豪ドルと、日本の通貨である円の交換レート。豪州も日本も、国の規模、経済の安定度ともに一定の水準を超えている先進国だ。なので、一方がもう一方に対してずっと優位にあり続けることはあまりない。豪ドルが優位な時期もあれば、円が優位な時期もあり、**結果として長期的には一定の幅の中を行ったり来たりしやすくなる。**

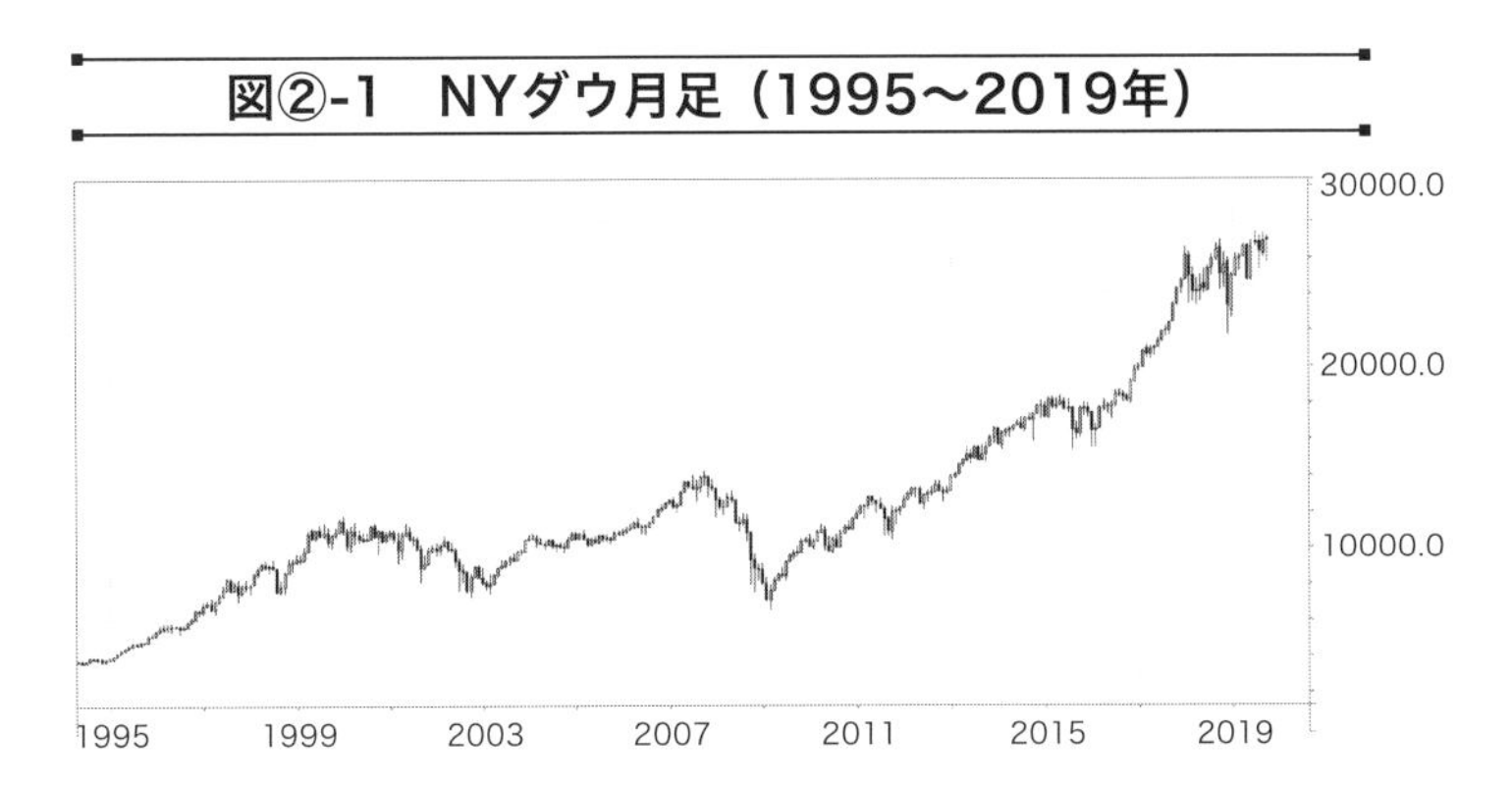

図②-1　NYダウ月足（1995〜2019年）

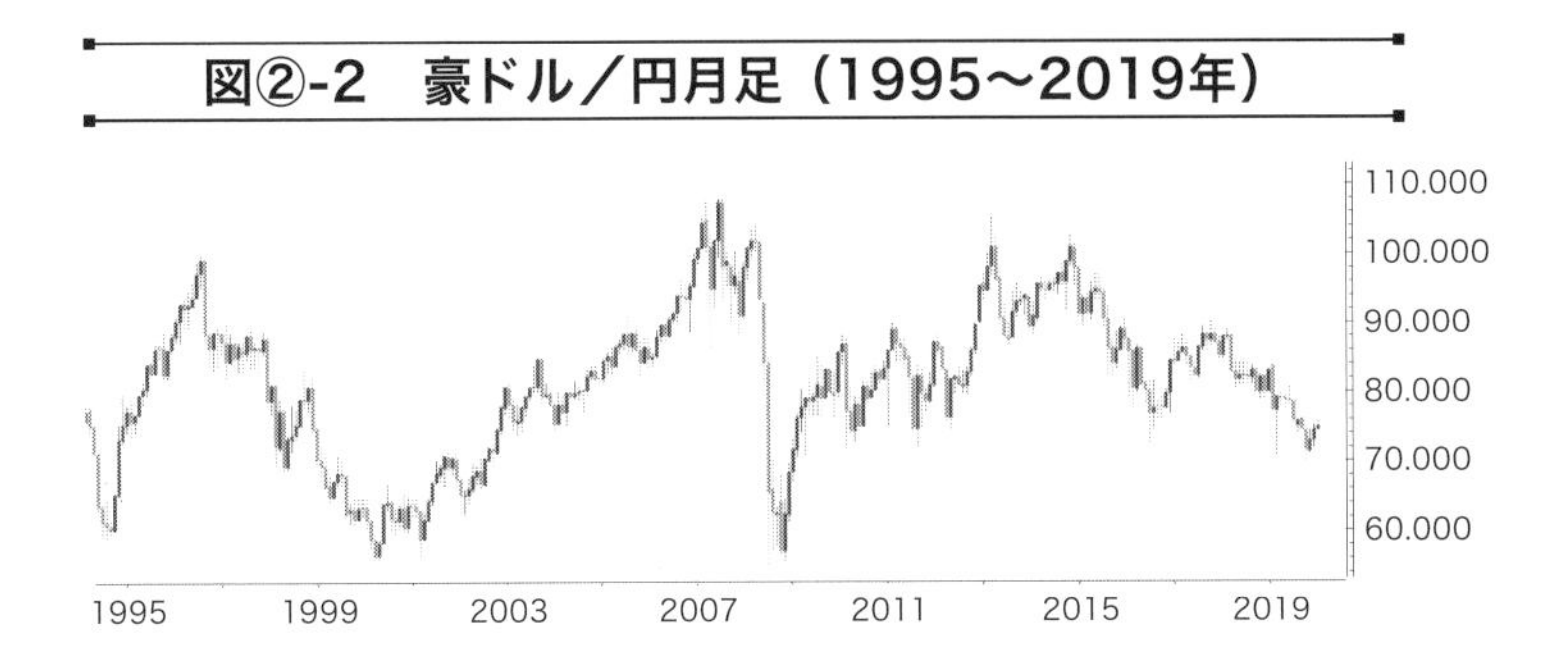

図②-2　豪ドル／円月足（1995〜2019年）

図②-3　レンジ相場で利益確定を繰り返すイメージ

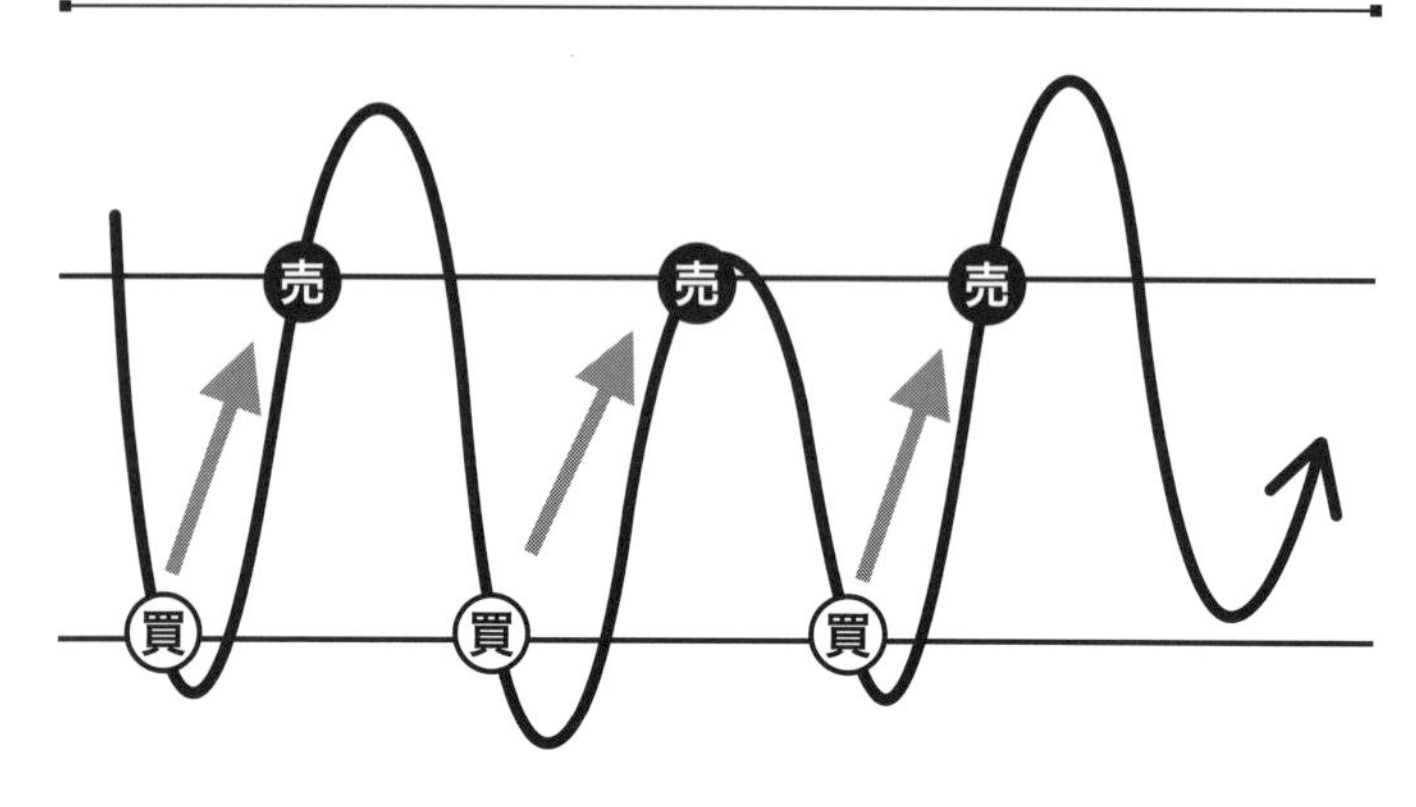

豪ドル／円は特にそういう傾向が強い通貨ペアだが、**多かれ少なかれ、FXでトレードができる通貨ペアにはこの傾向がある。**二つの通貨が常に綱引きしており、上がったり下がったりの波が描かれることが多い。言い換えると、NYダウのような本格的かつ長期的なトレンドは出にくく、ある程度上がれば下がり、ある程度下がれば上がることが多い。

同じ範囲の値動きを継続して狙う

NYダウのように、明らかに一方向

に価格変動している状態を**トレンド相場**、豪ドル／円のように方向感がない相場を**レンジ相場**と呼ぶ。ＦＸはレンジ相場になりやすいため、**レンジ相場に適した売買戦略を選択することが成功のカギ**となる。

レンジ相場は、一定の範囲内を往復する相場だ。よって、ある水準で新規買いエントリー、一定の値幅上昇したら利益を確定。その後、さっきの水準まで下がったらまた新規買いエントリー、また一定値幅上昇したら利益確定するという行動をずっと繰り返すことで、レンジ相場が続く限りは利益が蓄積されていく（図②－３）。

ＦＸの相場は、先ほどの豪ドル／円のような超長期的なサイクルでも、もっと短い１週間や１日、１時間といったサイクルでも、構造的にレンジ相場になりやすいため、このような一定範囲で売買を繰り返すトレード手法が有効だ。

方向感のない波からどんどん利益が生まれる

さらにこの一定範囲で繰り返されるトレードを、上から下まで広範囲に敷き詰めることで、方向感なく上下に波打つ展開から、自然に利益が生まれる状態となる（図②

図②-4　広い範囲に買い→利益確定を敷き詰める

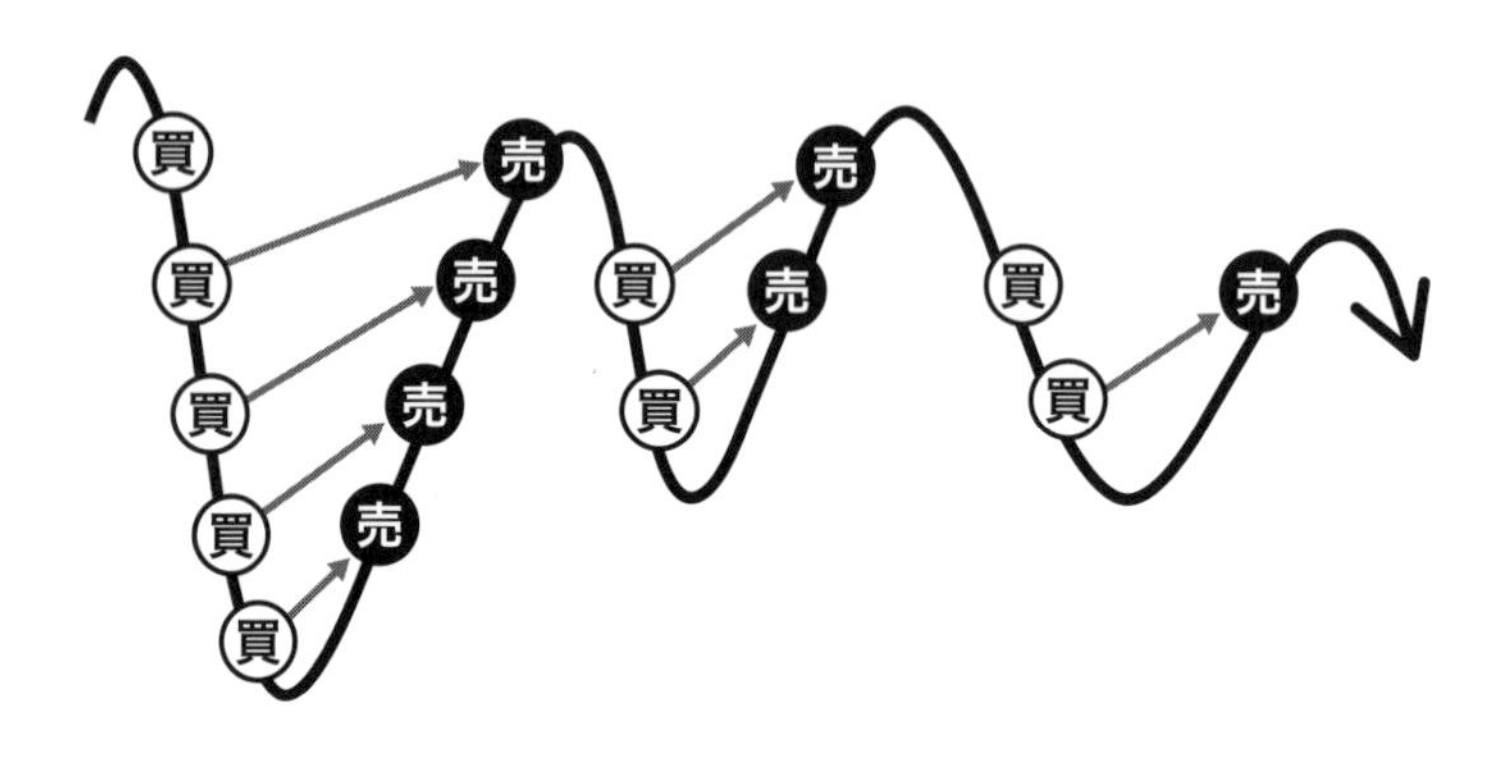

図②-5　トラップで注文をまとめて設定

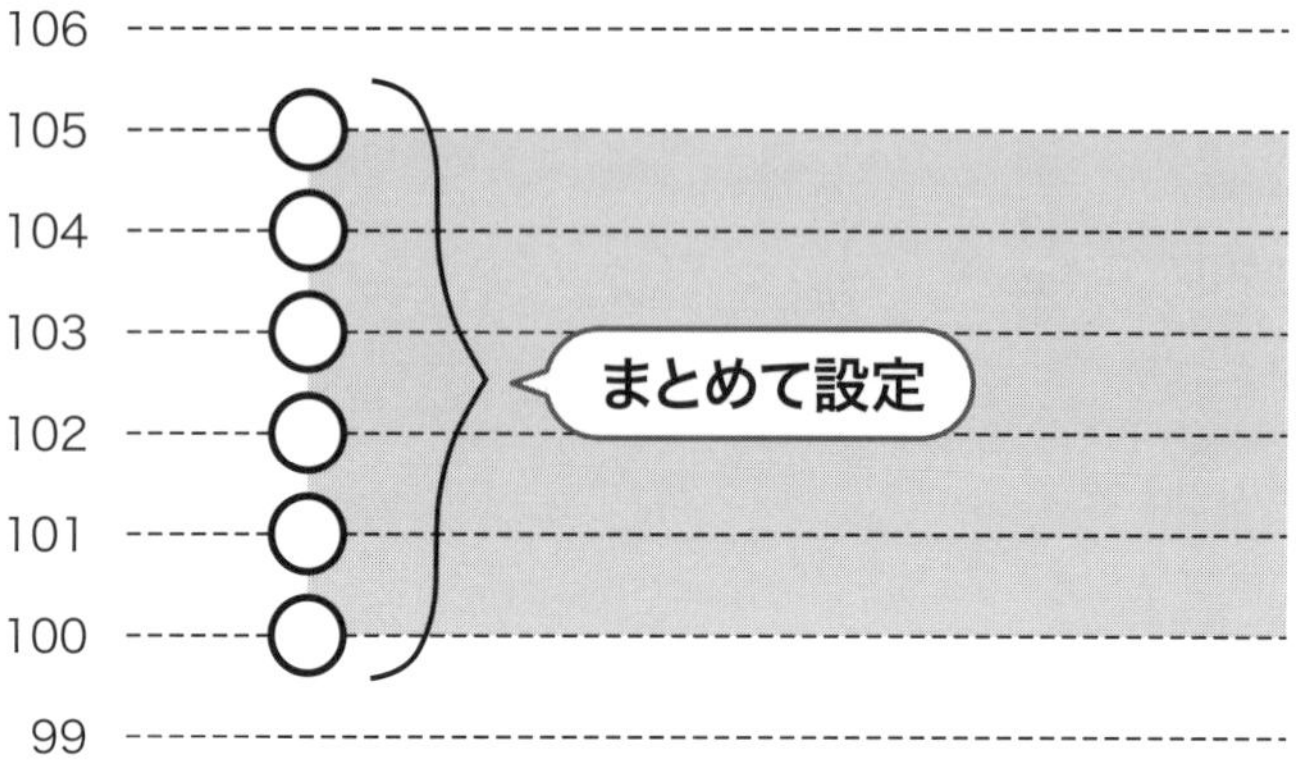

106
105
104
103
102
101
100
99

まとめて設定

※複数の価格帯に同じ注文を同時に設定できる

－4）。

このトレードは手動でも実行できるが、「新規エントリー」→「利益確定」が完了したら、もう一度その注文を入れ直さないと、利益を得るチャンスを逃してしまうこともある。**この問題を解決するのが、自動売買であるトラリピ**だ。

トラリピの3つの要素を分解して解説

レンジ相場で有効となる、一定範囲での新規エントリーと利益確定を自動的に何度でも繰り返してくれるのが、マネースクエアの特許コンテンツであるトラリピというわけだ。トラリピは、トラップリピートイフダンの略で、この3要素を組み合わせたもの。一つずつ見ていこう。

【トラップ】

トラップトレードとは、たくさんの注文を一度にまとめて罠（わな）のように仕掛ける注文

図②-6　リピートで完了した注文を再設定

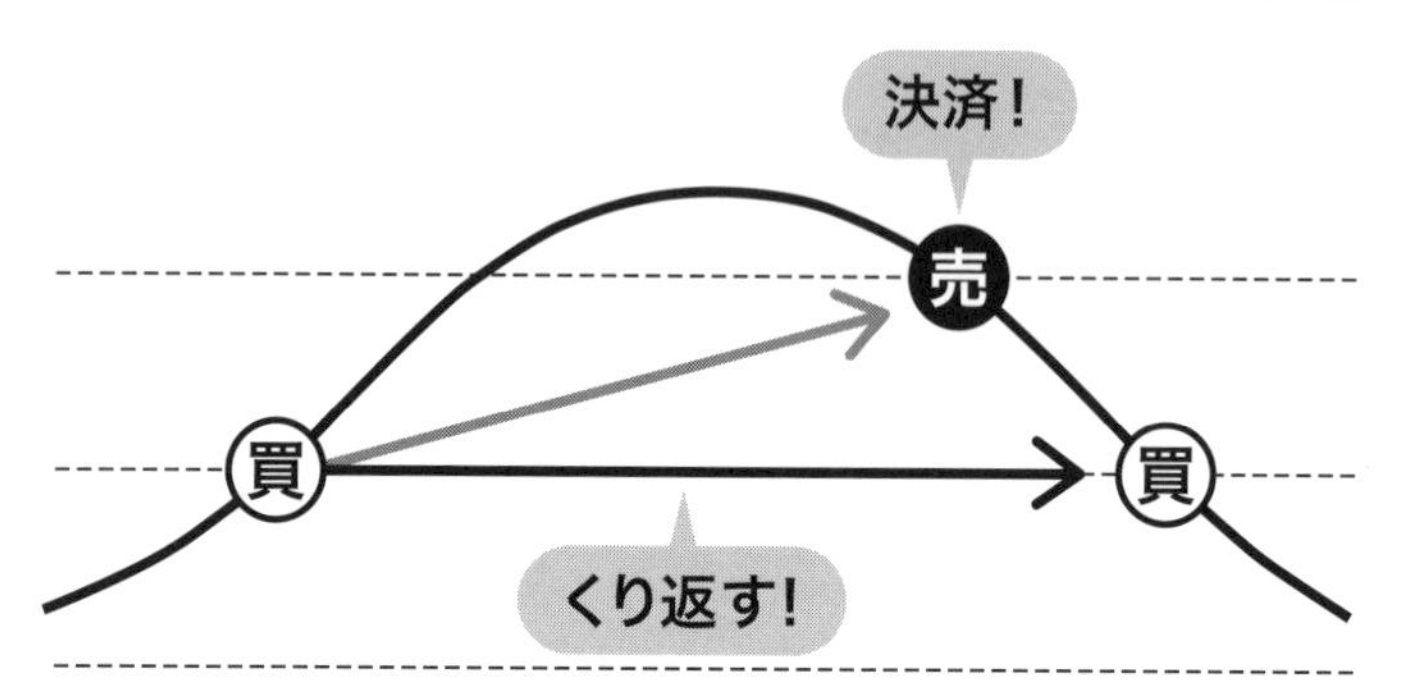

※同じ注文を何度も復活させる

図②-7　イフダンで新規エントリー→利益確定を自動化

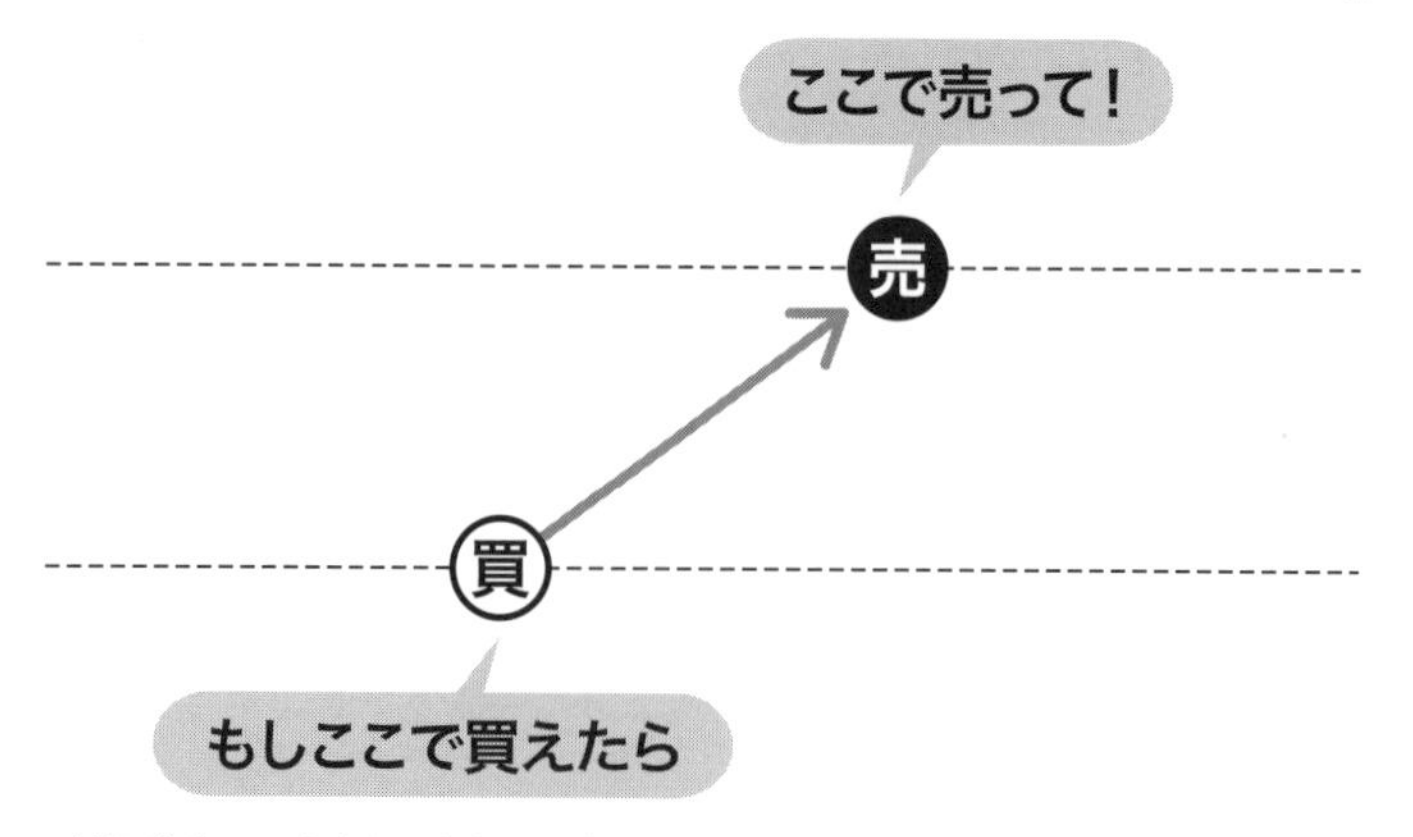

※新規ポジション保有後に決済注文が有効

図②-8 トラリピのイメージ図

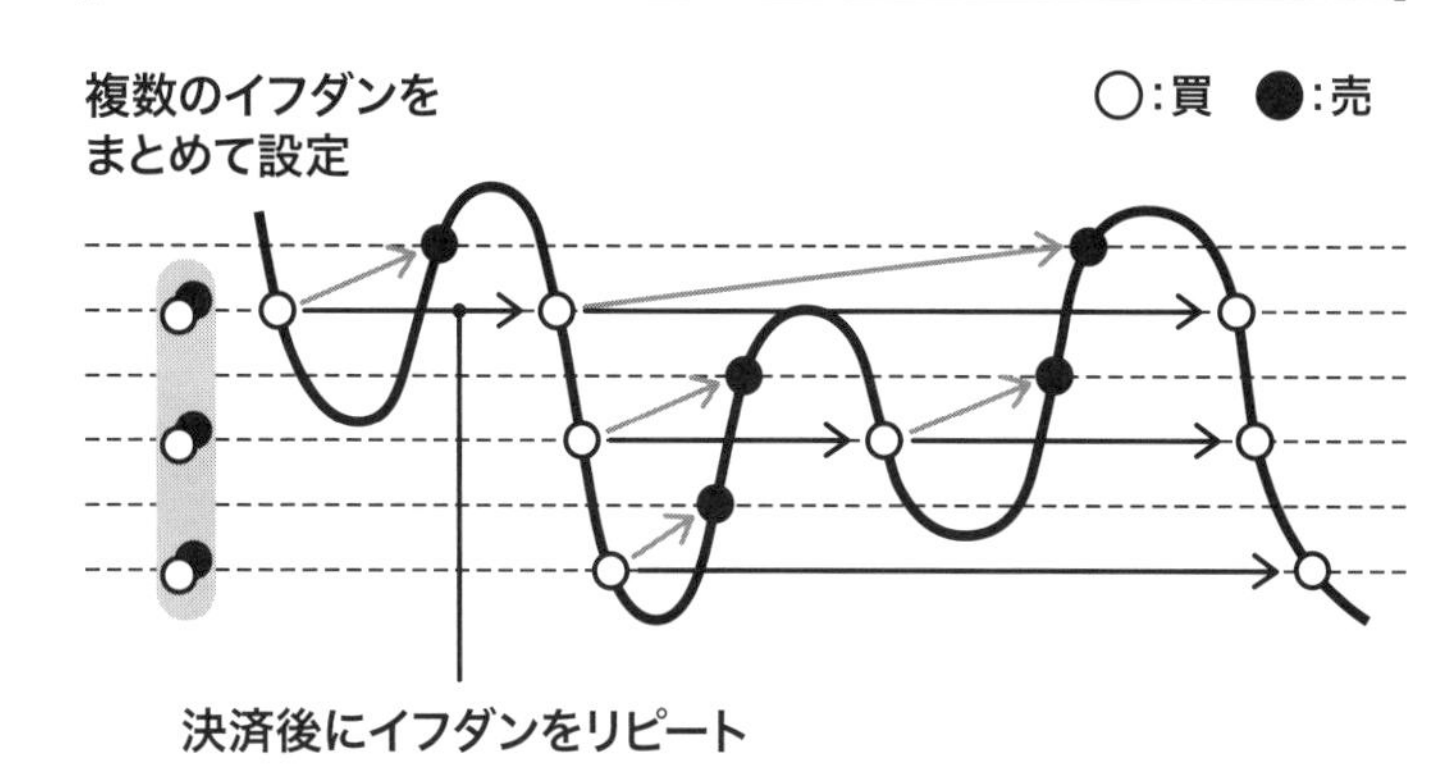

※同じ範囲の値動きから継続的に利益が生まれる

（図②－5）。

範囲と注文の本数を指定すると、複数の注文が等間隔で一度に入る。これを手動でやろうとすると、非常に手間と時間がかかり、なおかつ操作ミスをする可能性がある。

【リピート】

新規エントリー→決済のワンセットを、繰り返し発注し続けるのがリピート（図②－6）。

このリピートにより、同じ範囲での値動きが続くほど利益確定も繰り返される。レンジ相場を狙って稼ぎ続けるトレードを自動化する、要（かなめ）となる機能だ。

【イフダン】

前述の新規エントリー↓決済の注文を、イフダン注文と呼ぶ。新規エントリーが実行されると決済の取引が有効になる、スタンダードな注文機能のことで、どのＦＸ会社の取引ソフトにも実装されているものだ（図②－７）。

トラリピとは、トラップによりイフダン注文を広範囲に仕掛け、なおかつ決済まで完了したイフダン注文がリピートすることで、何回も繰り返す自動取引が行える機能であるといえる。

方向感のない相場がトラリピは大得意

トラップリピートイフダンの３要素が連動した、トラリピの売買イメージは前ページの図②－８のようになる。トラリピを仕掛けている範囲の中の値動きがある限り、利益確定が繰り返されていることがイメージできただろうか。

相場が読めなくても大丈夫

トラリピを運用するにあたって、今から上がる、下がるという予測は重要ではない。一定の範囲内を往復している展開なら、これから相場がどちらに向かうかを考えてもあまり意味がない。なぜなら一時的に価格が遠くに行ってしまっても、いずれはその場所に戻ってくる可能性が高いからだ。なので、**どの範囲を行き来するかという上下限を見極めることさえできれば、トラリピで利益を出せる可能性が高い。**

一般論だが、買いか売りかの予想は難しい。単純な上下なら二択だが、実際にはいつから上がり始める、いつまで下がり続けるといった時間軸や、いくらまで上がる、いくら以上は下がらないといった価格の予測も必須。シンプルに見えるFXのトレードで、そう簡単には勝ち続けられない理由の一つがここにある（図②－9）。

これと比べると、相場の上下限を見極めることは、相場の上げ下げを的確に読んで付いていくよりは簡単だろう。なぜなら、レンジ相場の上と下の境界は、過去その付近で値動きが反転している水準をそのまま使えばよいからだ（図②－10）。

上げ下げはこれからの流れを予測するのに対し、レンジの上下限の見極めはもともと

図②-9　相場の予想は難しい

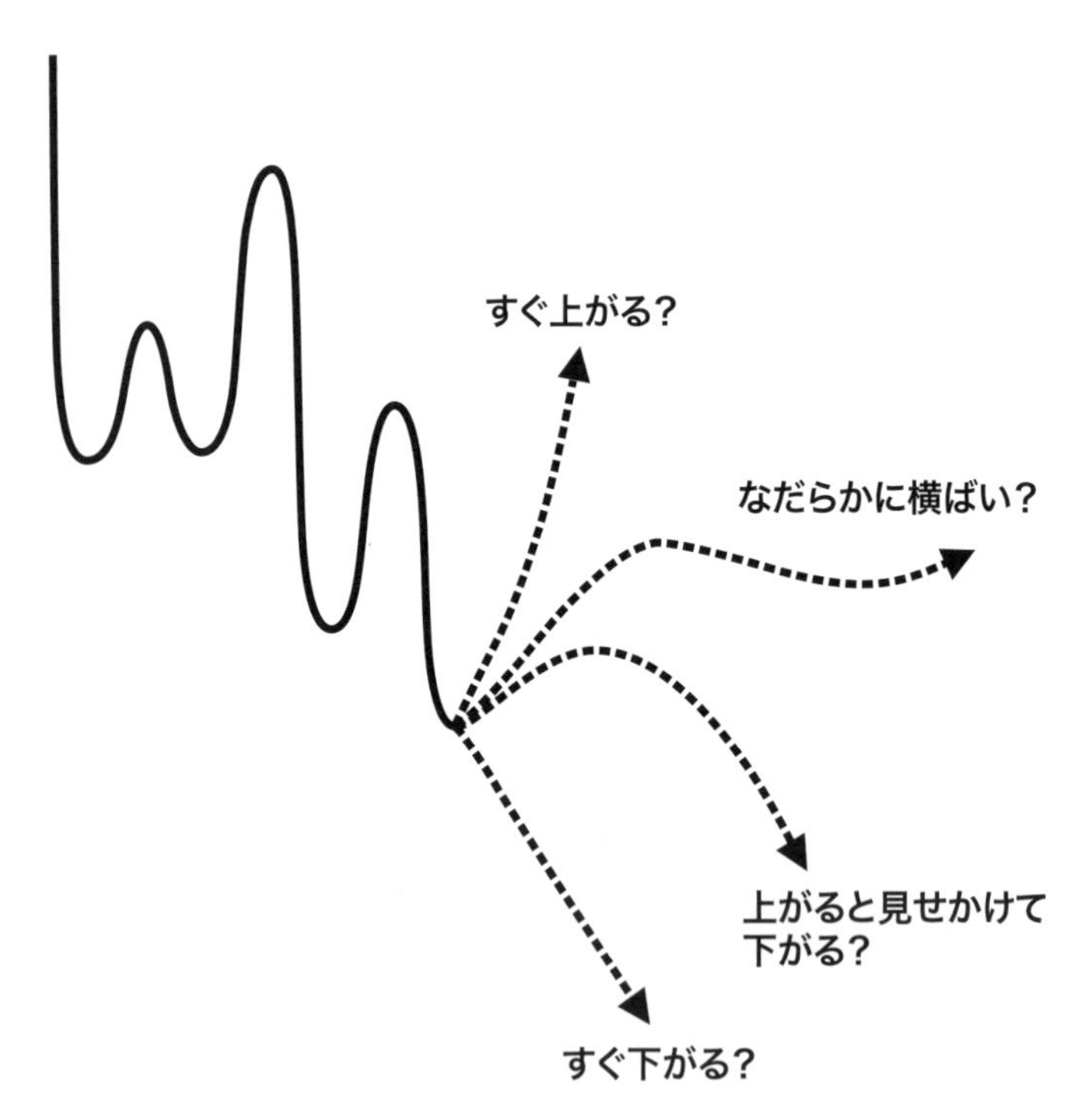

※上がるか下がるかだけでなく、時間や水準まで読むのは大変

図②-10　レンジ相場は読みやすい

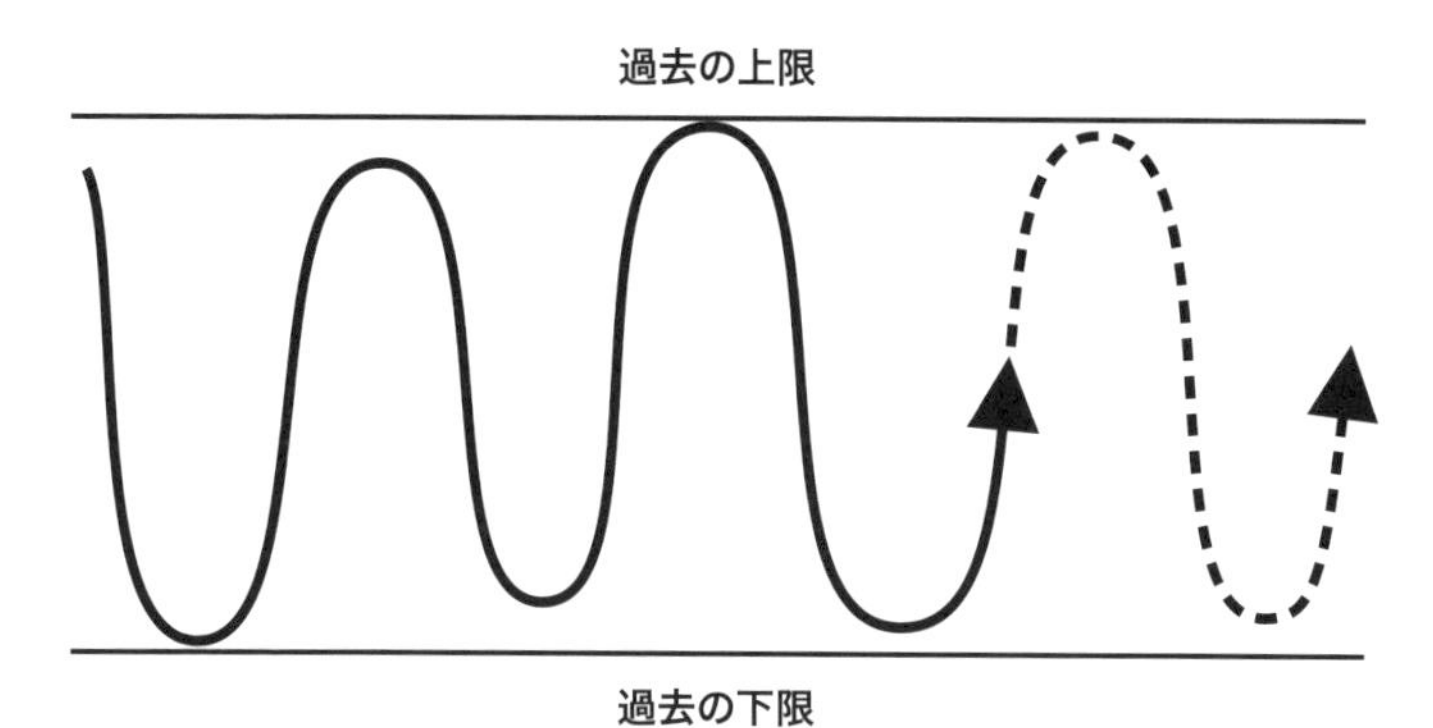

※過去の高値や安値でもう一度反転する可能性がそれなりに高い

とあるものを再利用するだけなので、ずっと簡単というわけだ。**レンジ相場での取引は、未来の相場を読まなくてよい**といえる。だからこそトラリピが、多くの「普通の人」にとって有効な資産運用の手段になるのだ。

自動売買だから多忙な人でも問題なし

トラリピが、多くの「普通の人」にとって有効な資産運用手段になるもう一つの理由がある。それは、手をかけなくても自動で売買を繰り返してくれる、自動売買であること。

ＦＸというと、専用のトレードルームにたくさんの画面を設置して、常に相場を監視しながら頻繁にトレードを行っているトレーダーの姿をイメージしたことはないだろうか。確かに、そういったスタイルで利益を出している人もいる。ただ、どちらかというと、こういった**張り付き型のトレーダーは少数派**。四六時中相場に拘束されていなくても、利益を狙える方法はちゃんとあるのだ。

特に、普段は仕事をしていたり、家事があったり、あるいは学校に通っている、いわゆる**兼業トレーダーが、ずっとチャートを監視し続けることはまずできない**。

その点、トラリピは自動売買なので、一度設定をすれば手間がかからない。１日のごく僅（わず）かな時間しかＦＸができない人でも、機械にトレードをお任せすることで忙しいことが不利にならないのだ。また、取引はマネースクエアのサーバ内で行われるので、投資家側がパソコンを動かし続ける必要もない。

ただ、自動売買とはいっても、どういった方針で売買するかを決めるのは、投資家本人。この設定の部分に問題があれば、長期的にトラリピを動かして資産運用することは難しくなる。自動で動くからこそ、**事前の設定が極めて大事**なのだ。

CFDでも使えるトラリピ

実は、トラリピはFX以外の金融商品でも活用することができる。トラリピを提供しているマネースクエアでは、FXのほかにCFD（株価指数CFD）を扱っているが、CFDもFX同様にトラリピ注文を入れることができる。

ラインナップは、日経225証拠金取引（日経225）、NYダウ証拠金取引（NYダウ）、DAX®証拠金取引（DAX）、FTSE100証拠金取引（FTSE100）。いずれも世界の代表的な株価指数だ。

株や投資信託など、証券取引をある程度経験した人なら、なじみのある株価指数CFDでトラリピに触れてみるのもよいかもしれない。もちろん自動売買なので、株取引に興味があるけれど、仕事が忙しくて取引に時間をかけられない、という人にはうってつけだろう。

取引に必要な証拠金額はFXとは異なるため、事前にホームページなどで商品概要を確認しておくことをお勧めする。

第3章

「あっきん」スタイル

この章ではあっきんさんに、
投資を始めたきっかけ、公務員時代〜現在にいたるまでの
投資のスタンスを語ってもらう。

あっきん

profile

生年：1982年
セミリタイア前の職業：県庁勤務の公務員
居住地：奈良県
趣味：テニス
結婚：既婚、二児の父

2005年4月　某県庁に就職
2006年夏　上司の年収を聞き仕事への夢を失う
　FXに挑戦するもあっという間に負ける
2006年冬　手動トラリピのようなトレードを始める
2015年夏　トラリピを本格的に始める
2016年春　県庁を早期退職。ブログを始める
2017年春　仮想通貨への投資を始める

公式ブログ：akilog
https://akilog.jp/

ツイッター：https://twitter.com/_akkin_nara
インスタグラム：https://www.instagram.com/akkin_akilog/

当たり前のように公務員になる

私は両親とも公務員の家庭で育ち、公務員の良さについては、両親から時折聞かされていました。そこそこの暮らしができて、それなりに自由な時間があって、ステータスにもなる。私にとって公務員はなるべくしてなったという感じです。大学受験で土木系の学科を選んだのも、公務員になる可能性を高めるためです。土木職は採用人数が多いので入りやすいのでは、という安易な考えでした。

投資を始めたのも大学時代。大学生活最初の2年間、飲食店のアルバイトで貯めたお金を「増やす方法はないか」と思ったのがきっかけです。当時はFXの存在は全く知らず、私が手を出したのは株式の個別株。将来公務員になったとき、そこそこの収入は得られても、実業家のように高額な収入は得られないと分かっていたので、本業以外の稼ぎ口が欲しくて株式投資を頑張るようになりました。でも、『会社四季報』を見て割安な株を探しては買うものの、値動きがないため、「この方法でお金が増やせる」というイメージは持てませんでした。

部長の年収を聞いて強烈に醒める

大学を卒業し念願の公務員になってからは、完全に仕事中心の生活でしたね。一旦は投資から離れることになりました。社会人1年目の年収は350万円ほど。かなり忙しく、残業も多かったため「お金を稼ぐ大変さ」みたいなものを実感しました。一方で、あと10年か20年勤めてたくさんの部下を率いるような偉い立場になれれば、めちゃくちゃ給料が上がるだろう、と当時は信じていたんですよね。

でも、公務員の現実は、私が期待していたものとは違いました。社会人2年目の時、大勢の部下がいるであろう部長クラスの人とお酒を飲む機会があって、すごく気さくな人だったので軽い気持ちで聞いてみたんです、年収を。

そうしたら「1200万〜1300万円くらい」という答えが返ってきて、正直唖然としました。部下が大勢いるような人でもそれしかもらえないのかよ、と。民間企業だったらもっともらえるのかもしれないし、1000万円の年収があれば十分満足する人もいるかもしれませんが、私の感覚では、部長クラスの人ならもっと高給取りだろうと思っていたんです。しかも公務員は年功序列なので、順調に出世してこの人と同じように部長クラスにまでなったとしても、年収１３００万円以上になるのは定年退職までの最後の数年間だけ。両親が言っていた「そこそこの暮らし」は確かにできるでしょうけど、私はその時点で、「そこそこ」では満足できなくなっていました。

さらに衝撃だったのが、民間企業に勤める友人たちの話でした。彼らから聞くボーナスの話は桁（けた）違い。一方、公務員は頑張った分だけたくさんお金がもらえるわけではないので、完全にモチベーションを失いました。もう一度投資をやってみようと考えだしたのはこの頃ですね。

社会人２年目からは書店の投資コーナーにまた足を運ぶようになりました。それが２００６年の話なんですが、そのときに初めてＦＸの存在を知りました。リーマン・ショックの前ですね。当時のＦＸに対するイメージは、億トレーダーがゴロゴロいる世界。私も当時は若かったので、かっこいいなと思いました。株と違って、最近出てきた新興のジャンルという感じも強かったですし。本を読んでトレードのテクニックを勉強してスキルを身に付けたら、億トレーダーとまではいかなくても、株よりは上手くいく気がして、ＦＸを始めることにしました。

短期トレードで大敗後、入浴中に閃く

ＦＸを始めてすぐは、たぶんほとんどの人がそうだと思うのですが、私も裁量トレードに挑戦しました。デイトレード、あるいはスキャルピングに近い短期トレードです。初期の資金は50万円。雇用統計（米国の労働者の雇用状況を調査した指標。毎月月初に発表される）という、大きく値段が動くイベントがあるらしい、といった感じで、もう完全に雰囲気でトレードをしていました。チャートの見方なんてもちろん分かっていません。でも、結局のところ上がるか、下がるかの２分の１だし、そんなに負け続けることはないかなと甘く見ていました。

これもまた多くの人に経験があると思うのですが、最初はたまたま稼げるんです。ビギナーズラックですよね。それでもっとロットを大きくしたら、さらに儲かるんじゃないかという発想で、雇用統計のタイミングで大きな勝負に出ました。自分なりにいろいろ調べて、でも今思えばたいした根拠があるわけでもなかったのに、上がるほうに張ったところ、反対に下がって強制ロスカット。50万円は８万円になりました。ただこのとき、実際にＦＸをやってみてこれは面白いぞという感覚はありまし

た。最終的には大損でしたが、途中までは増えていたので可能性は感じましたし、もっと勉強したいと思いました。

ここから半年間、書店でいろいろなＦＸ解説書を読んで勉強しました。大負けして投資資金はなくなってしまったので、それが貯まるまではひたすら勉強です。当時は、テクニカルの勉強をすれば、相場を読めるようになるんじゃないかという期待と、一つの手法を覚えたらずっと勝てるほど甘くはないだろうという疑いの気持ちが両方ありましたね。ある手法で儲けた人がいたとしても、たまたまそのとき勝ったんじゃないか、みたいな。

勉強を進めていくうちに、**株の値動きと、ＦＸの値動きは違うことも理解**しました。株は長い目で見れば右肩上がりになりやすいですが、ＦＸは上がったり、下がったりが多いです。当時はドル／円をトレードしていましたが、**1円下がるごとに買いを入れ、1円分上昇したらそれが利益確定するという、疑似トラリピのような手法を思いつきました。**お風呂(ふろ)に入っているときです。

このやり方で注意しないといけないのは、下がり続けたらどんどんポジションが増えていき、含み損も拡大していくこと。なので、**ここまで下がったら、これだけの含**

み損になるという計算を事前にＥｘｃｅｌでしていました。

資金30万円でこのやり方を実行し始めてから、利益が出るようになりました。リスク管理をしっかり行っているので、そんなに一気にお金が増えるわけではないですけど、**何より相場を毎日見なくて済むのがよかった**です。

偶然解説書と出会いトラリピを知る

この手動疑似トラリピをやっていた期間はかなり長くて、8年くらいは続けました。本物のトラリピを始めたのは２０１５年の7月です。久しく書店の投資コーナーには足を踏み入れていなかったので、ＦＸに自動売買が存在することも知らなかった。もちろんトラリピのことなんて全く知らなかったです。それで、久しぶりに書店に入ったとき、ふと気になったＦＸの解説書を何げなく手に取ったんです。そうしたらそれがトラリピの解説書で、ＦＸの自動売買にトラリピというものがあり、自分ですでにやっている方法と完全に同じことを全自動化してくれると知り、すぐに口座を作りました。それで翌8月から本格的にトラリピを始めました。

手動疑似トラリピをやっていた時期は、そこまで大きな資金で動かしていなかったので、注文本数もそこまで多くなかったです。なのでメンテナンスはさほど大変ではなかったのですが、仕事が忙しかったり忘れていたりして、やはり手動の注文再セットが間に合わなかったこともありました。こうなると利益獲得の機会損失ですから、やっぱりもったいないですよね。

トラリピを使い始めて、これはすごい、こんなに楽なのかと感動しました。もっと早く知っていればよかったです。

初期のトラリピは、ドル/円の広い値幅を狙った買いの設定でした。もともと手動疑似トラリピを、ドル/円が120円くらいだった時期から始めていて、少し後にリーマン・ショックがありましたから、ひたすら買いの指し値を追加しながら耐えた経験があります。どんどん含み損が増えていくことを身をもって知っていたので、狭い範囲に注文を集中させるようなことはしませんでした。

また、レンジの高いところでは買いではなく売りを入れるほうが利益になることも分かり、いわゆるハーフ&ハーフ（第6章102ページ参照）の考え方にも気付いていました。レンジを二分して、上では売り、下では買いです。

公務員を辞めるにあたりまずは妻を説得

公務員の仕事を辞めたのは、2016年3月です。だから、公務員時代の運用の大部分は、ドル／円の手動疑似トラリピですね。運用スタートは30万円からでしたが、**毎月2万円を積み立てて運用資金に足していました。また、ボーナスのときは夏と冬に10万円ずつを資金に追加していました。**つまり**年間で少なくとも44万円は足すことをルール**にしていました。

ドル／円の口座は現在1000万円以上になっています。元本も増え続けているため、トラリピの利回りははっきりとは分かりませんが、おそらく10～15％です。過去の最高値・最安値を基準に強制ロスカットラインを置いているため、これくらいの利回りが限界です。

公務員を辞めたのは、トラリピの収入だけで確実に生活できる状態になったからではありません。もちろんやっていることに自信はありました。時間をかけて元本を大きくしていけば利益も大きくなっていく実感はありました。ただ、仕事を辞めるときに、投資だけで生活できるほどの元本にはなっていませんでした。

妻が銀行で働いており、私よりも給料は高かったんです。これにトラリピの収入を足せば、生活はできるだろうという状態だったんですね。ちょうど、長男の私立小学校の受験が控えていて、塾に通わせるためにはどちらかが付いていかなくてはいけない。共働きでは対応できません。なので、給料が安いほうが仕事を辞めればよいのではと考えました。このときには、稼げると噂だったブログも始めたいと思っていましたね。ブログなら家にいながらでもできますし。安易な発想ですけどね（笑）。

こう決めたからには、まずは妻の説得です。最初にこの話をしたときは、「え？何を言ってるの？」と言われました。長男のことを理由に、ただ仕事辞めたいだけじゃない？　と。それでも妻にはその前から、公務員の拘束時間が長いことの愚痴を聞いてもらっていたし、妻はＦＸには理解があったので、３年間でトレードやブログを含めて５０００万円稼ぐことを条件に、仕事を辞めることを認めてもらえました。もしこの条件がクリアできなかったら、中途採用の試験を受けて公務員として再就職しなさいと。

妻に認めてもらえたら、次は妻のご両親の説得です。妻は銀行で営業をやっているので交渉力がありました。ただ、妻のご両親には申し訳ないという思いはありましたね。私が公務員だからこそ、結婚を許してくれた部分もあるはずです。ですが、ご両親は二人で決めたことならと納得してくれました。

ちなみに、最初はＦＸのブログじゃなかったんです。子育て日記を書いていましたが、３カ月間で２００円くらいの広告収益にしかなりませんでした。これはまずいと思って、やっぱり今自分が取り組んでいることを書こうと考え、トラリピ、投資のブログを始めて今に至ります。

なお、目標だった５０００万円の利益は、２０１７年の仮想通貨バブルでクリアできました。トレードやブログではなかったんですけど、結果オーライです。

現在では妻も銀行を辞めて、私と一緒にブログを書きながら資産運用をしています。私は自動売買だけでなく裁量トレードにも妻と共に挑戦しています。定期的に全国でワークショップを行ったりもしています。こちらは、ブログよりライトな内容になっており、まだ経験が浅い人が対象です。

仕事を辞めてよかったなと思うことは、やはり自分の時間が確保できることです。公務員のときは、当たり前ですが仕事に身体を拘束されるじゃないですか。でも今はその時間を、子どもと過ごしたり、好きなタイミングでどこかに出かけたりすることに使っています。

仕事と別に投資をするのは当たり前

ここ数年、社会全体で投資や副業への意識が盛り上がってきているのは、とても良いことだと思います。**本業以外でもお金を稼ごうという意識**は、空気を吸うのと同じくらい当たり前で、なおかつ生きるために大切です。日本企業を悪く言ってもしかたないですが、給料はあまり上がっていません。それなのに税金は増え続けています。

もちろん企業という組織の中で自分の力を発揮してお金を稼ぐのは素晴らしいことですが、その収入だけに依存するのは危険です。**複数の収入のポケットを持ったほうが良い**です。今は副業を認める企業も増えていますしね。

ただ、**一般的な副業はどうしても時間的な拘束が前提**になります。こうなると、その時間を割ける人はよいのですが、割けない人は稼げません。なので、どうしても投資をする必要が出てきます。

投資は元本が多いほうがもちろんリターンも大きくなるので、元本を早く増やしたほうが有利です。元本の増額は、投資の利益を再投資するだけでなく、労働収入を足していくことで大きくスピードアップします。若いうちは多少忙しくなっても、**頑張って働いて投資元本を大きくしたほうが有利**です。私も公務員時代の終盤は、トラリピの資金を増やしたくてものすごくたくさん残業をしました。

それと**子どもにも投資の大切さを教育しています**。たとえば、子どもたちがもらったお年玉は米国株で運用しています。下の子の口座は3歳から投資していますから、18歳になるまであと15年。子どもが大人になったときには、それなりの資産になっているんじゃないでしょうか。

こんな感じで、投資自体はそこまで大変なものでも、労力がかかるものでもありません。そもそもなぜ働くのかといえば、もちろん社会への貢献も大事ですが、結局はお金を稼ぐためです。それなら労働とは別のルートで資産を増やせる可能性がある投資にチャレンジすることは、おかしな話ではないと思います。

まして、公務員だった当時、私は副業をして報酬を得てはいけなかったので、投資以外の選択肢がありませんでした。ただ、公務員の先輩や仲間で、投資に真剣に打ち込んでいる人はほとんどいなかったですね。投資に怖いイメージがあったのかもしれません。

でも今はすごく良い時代になっています。たとえば、キャッシュレス決済。キャッシュレス決済をするだけでポイントが還元されたりするわけですから、あれ自体がポイント積み立てという小さな投資です。さらにショッピングで溜(た)まったポイントで投資ができたりもします。

仮に1000ポイント持っていて、これが800ポイントになってしまったからといって、そこまで落ち込むこともないじゃないですか。投資というと、莫大(ばくだい)な資金を用意しないといけないと考える人もいますが、この程度からでも十分に始められます。投資アレルギーがある人は、ポイント投資から始めるとよいのでは。ほんの少しでも資産が増えると嬉(うれ)しいものです。

昔は、今ほど少額の投資がなかったんですよ。FXも1000通貨単位での取引は珍しく、だいたいは1万通貨取引が最小ロットでした。だから、間違った投資をするとけっこうお金が減ってしまう時代でした。でも今なら1通貨からトレードできるFX口座もありますし、少額で始めてお金が増えたり、あるいは減ったりする経験を通じて、トレードに慣れることができます。特に、長期的に取り組めばお金が増えていくという体験は重要です。

ところで、私は母親が不動産投資をしていたので、投資への抵抗が最初からなかったという点でラッキーでしたね。そこまで大きな利益を得ていたわけではありませんが、自分たちが住んでいた家を貸したりしていました。両親ともに公務員ですが、投資をすることには賛成というスタンスでした。

また妻は銀行員として投資信託の販売をしていたので、先輩からも投資をすることを勧められていて、投資に対しては積極的でした。妻の顧客には富裕層が多くいて、そういう人たちは当たり前のように資産運用をしています。妻も彼らの話を聞いて、投資をすることへの憧れ(あこが)は早い段階からありました。

トラリピは参加者同士の競争がない

この本を読んでいる人の中には、まだＦＸを経験されていないものの、株式投資についての知識や経験がある人もいるでしょう。ＦＸを株と比べると、銘柄選びがとても簡単ですね。これから上がる株を当てるのは非常に大変で、かなりの経験が必要です。実際に買った銘柄が下がってしまうと、お金も自信もなくなって、投資をするマインドが盛り上がりません。

でもFXの場合は、参加者全員がほとんど同じ銘柄を取引します。他者より早く有望な銘柄を発掘する必要はなく、ドル／円やユーロ／ドルのような**超メジャー銘柄（通貨ペア）をどうトレードするか**という世界です。

銘柄選びの要素がほとんどないので、**トレード手法に再現性があるというメリット**もあります。株なら銘柄が違えば別の商品ですが、ドル／円で過去にうまくいったやり方は、未来のドル／円でも通用すると期待できます。これはつまり、うまくいっている人、プロのやり方を真似ることが有効ということです。**株は情報、FXはやり方が勝敗を分ける**という感じですね。

トラリピはこの最たる例で、始めるタイミングによって勝ったり、負けたりという要素が少ないです。短期的に見れば底から買い始めたほうがよいですが、長い目で見ればいつ始めたかより、**どれだけの期間動かしたかのほうが重要**です。

株は情報を得るスピードが大切ですが、これはつまり参加者同士で競争をしていることになります。どんな投資にもそういった側面はありますが、範囲内の値動きを追いかけるトラリピには、こういった要素がほぼありません。**実行している人全員が儲けられる可能性がトラリピにはあるといえます。**

同じFXでも、裁量トレードは難しいです。とにかく経験値が必要で、これは株も同じ。相場は公平で、世界中のプロも同じ相場に参加しているので、そこで利益を出していくにはかなり高い技術が必要です。もちろん裁量トレードで利益を出している上手な人もいますが、少なくともすぐに勝てるようにはなりません。ものすごく練習をして、経験を積んだ先にある世界です。

労働の報酬で元本を大きく

読者の皆さんの中には、今の仕事を辞めたいと考えている人もいるでしょう。参考までに私の場合は、公務員を辞めても身体一つあればお金は稼げると思っていました。アルバイトでも何でもすれば、働いた分のお金は得られます。その報酬と、投資で得られる利益の合計が生活費を超えていれば、仕事を辞めてもよいのではと思います。

ただ、私は**完全に仕事を辞めることをあまりお勧めしていません**。投資はとにかく元本を大きくしていくことが大切なので、ある段階までは労働で収入を得たほうが、お金が増えるスピードは速いです。なのでいきなり専業を目指すのではなく、働きやすい職場に転職したものの下がってしまった収入を、投資で補うといった考え方、**仕事と投資を両立する考え方がバランスがよい**と思います。一切労働収入がなくなってしまうと、投資で稼がないといけないという強いプレッシャーを感じることになります。投資を、仕事を辞める手段としてだけ考えるのはもったいないと思います。**生活を豊かにし、足りない収入を補うのが投資**です。投資がうまくいっていると**心に余裕が生まれて、それが結果として仕事にも好影響をもたらします**。私の場合は、嫌なことは嫌とはっきり言えるようになり、それが仕事を円滑に進める要因になりました。

また出世をすれば給料は増えますが、その分拘束時間も長くなります。私も妻も、そこまでして稼がなくてもよいという考えなのですが、これは投資という第二の収入があったからいえることでもあります。

今から始めて遅すぎるということはない

ここまでいろいろ書かせていただきましたが、一番大切なのは行動することです。何でも自分でやってみないことには前進しません。

そして、**目先の利益にとらわれすぎないこと**です。相場には浮き沈みがあって、そこで生き残っていこうとするなら、一気に大きく稼ごうとするのは資産を一気に減らすリスクや、退場（証拠金が尽きること）のリスクがあります。だから最初は小さくても、段階的に元本を大きくしていくほうが長く続けやすいです。私はこの元本を育てていく過程を楽しむことができました。1万円の臨時収入があれば、飲みに行ってもいいですが、あえてそれを再投資。こういった、育成みたいな部分に、公務員やサラリーマンとは違う楽しみがあると思います。

私も最初は30万円から始めて、10年かかって資金を2000万円まで増やしました。ぜひ、今からでも始めましょう。遅すぎるということはありません。

第4章 「鈴」スタイル

続いて鈴さんにも、
投資を始めたきっかけ、セミリタイアを達成するまでの
苦悩や現在の投資への考え方を語ってもらう。

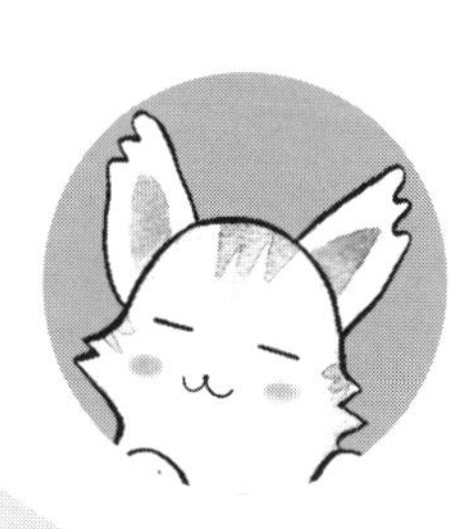

鈴（suzu）

profile

生年：1986年
セミリタイア前の職業：IT関連の会社員
居住地：埼玉県
趣味：資産運用、ブログ
結婚：独身

2011年4月　IT企業に入社
2015年9月　仕事が辛すぎてFXを開始
2016年2月　FXで500万円の損失
2016年3月　トラリピを本格的に始める
2016年10月　ブログを始める
2018年9月　会社を辞めてセミリタイア生活を開始

公式ブログ：不労所得でセミリタイアを目指す30代のブログ
http://semiritaiafx.com/

ツイッター：https://twitter.com/semiritaia_suzu

予習・復習をしっかりする優等生タイプ

私はいわゆる「優等生タイプ」の子どもでした。言われたことをきちんとやるので、先生に怒られた記憶はほとんどありません。予習・復習も欠かさずやって、授業もきちんと聞いて、テスト勉強もしっかりやるようなタイプ。根っからの安定志向なので、想定外のことが起きたときの対応は苦手でした。周りにも「公務員に向いている」と言われることが多かったです。

得意教科は数学と物理でした。ＩＴ関係の仕事に就きたかったこともあり大学は理系の学部に進学。情報セキュリティ関連の研究で大学院を修了し、院卒ＳＥになりました。

公務員にこそならなかったものの、就職先として選んだのはＩＴ業界の中でも安定感のある大企業でした。仕事内容としてはデータセンターの構築、金融系のシステムの開発など。就職当時、投資にはほとんど興味がなく、むしろ**「投資＝ギャンブル」というイメージが強かった。**自分はコツコツ貯金するのが向いていると思っていました。

現在の私のトレードは、学生時代から予習・復習を欠かさなかった習慣と、SEの仕事を通じて身についた「トライ&エラーを繰り返して小さなサイクルで回しながら改善していくスタイル」によって形成されているといえます。最初にトラリピに挑戦したときも、ネットでじっくり調べて、**口座開設特典でもらえた本を隅々まで読んで、それからごく少額でトライ&エラーを繰り返して上手く回り始めるまで様子を見るようにしました。**これはシステム開発で身についたやり方。いきなり完成を目指すのではなく、最小限の環境をまず作って、それが一通り動く状態になってから拡張していくという具合です。

3年目でメンタル崩壊

今でこそ、あの職場での経験がトレードに生きていると胸を張って言えますが、実際はかなりきつい仕事でした。もともと、1億円くらい貯金ができたら早期退職して、貯金を取り崩しながら年金支給まで耐える、というライフプランを大学時代からイメージしていました。セミリタイアについては特別何かに影響されたわけではなく、単に働くのが好きじゃなかったから。働くくらいなら勉強してたほうがいい、と考える人間です。とりあえず**40代後半〜50歳まで働いて1億円貯めて退職できたらいいな**、と。

でも、メンタルがぼろぼろになっていき、「40代まで待てない」と思いました。社会人3年目のタイミングで仕事で難しいミッションが増えてきた。どうやっても解決できない問題だらけなんです。それを取引先や関係者とぶつかり合いながら、何とか形にしなくちゃいけない、みたいなことの繰り返し。同時にいくつもの課題が出てきて、どれも前例のないことだから答えが出せない、前例がないから先輩社員に聞いても分からない。**予習・復習が利かない想定外な問題の連続で、パンクしてしまいました。**

残業時間こそそこまで多くはなく月60時間程度でしたが、精神的に追い詰められてしまって、今すぐにでもリタイアしたかったけれど、もちろん目標の1億円は貯まっていない状態です。仮にそこから頑張って毎年200万円貯められたとしても5年で1000万円にしかなりません。これで退職したら、老後まで生活できません。かといってこの生活をあと20年は無理。どうしても他に稼ぐ手段が必要です。しかし、本業以外で稼ぐとしても、毎日夜遅く帰宅して朝早く家を出る、この繰り返しで副業するほどの時間はない。副業以外の方法で収入を増やす必要がありました。

追い詰められて投資を開始

これはもう投資しかないと思い、最終的にトラリピにたどり着きますが、最初に手を出したのは個別株でした。2015年の5月のことです。これは追い詰められてFXを始める少し前のことで、まだ心の余裕がありました。貯蓄がだいたい500万円まで増えたので、何かしたほうがよいかなと思ったのが動機です。それで周りの先輩などですでにやっている人がいた、日本株を始めてみました。まだこの頃にはFXのことはよく知りませんでした。

でも、個別株は朝9時から午後の3時までしか取引ができないんですよね。一度数万円儲けましたが、積極的に取り組めないことに限界を感じていました。ちなみに当時保有していたのは株主優待株で、お米、ティッシュペーパーといった生活必需品や、QUOカードがもらえる銘柄でした。でも、こういう優待を受けていても、もちろんそれだけでセミリタイアはできないですよね。

9月になってトラリピを始めました。資金は30万円です。もうこの頃には、だいぶ仕事が辛(つら)くなっていました。でもFXの自動売買としてトラリピを選んだわけではありません。当時のトラリピの「500円を積み重ねる資産運用」というキャッチコピーを見て、面白そうだなと思って。で、調べていくとFXの商品であることにようやく気付きました。ただ、トラリピって短期間ではそんなにお金が増えないじゃないですか。そのためすぐにトラリピから興味を失って、半ば放置していました。

その少し後に、裁量トレードに本格的に挑戦しました。でも、付け焼き刃で相場を読もうとしてもうまくいくはずがないですよね。確固たる手法があったわけでもなく、場の雰囲気でトレードをしていました。この裁量トレードであっさり100万円ほど負けています。

予習なしでいきなり大型スワップ投資

トラリピと同時期に、FXの裁量トレードとスワップポイント(金利差)狙いの投資も始めたのですが、この頃は仕事のストレスがＭＡＸになり、とにかく会社を辞めることしか考えられなくなっていました。これまでにも述べたように、私は基本的には何かを本格的に始めるときには、予習をしっかりするタイプの人間です。でも、このときはそんな余裕がなくて、すぐに生活費をトレードだけで得たかった。裁量トレードは、案の定失敗に終わり、１００万円の損失という結果に終わりました。

こうなると、頼みの綱はスワップ投資。自分の1カ月の生活費はだいたい15万〜20万円くらいですので、いきなり毎月それくらいのスワップポイントが入ってくる枚数（売買単位）のトルコリラ、南アランドの買いポジションを建てました。分散投資も価格変動のシミュレーションも一切せずです。今では信じられませんが、当時はそれだけ追い詰められていたのでしょうね。

当時は通勤時間が往復2時間あったのですが、その間はずっと勉強ですね。また、家に帰ってからも2時くらいに寝るまではずっと勉強です。だから慢性的に寝不足です。今寝たら、会社を辞められなくなるという、変な強迫観念が平日夜にはありました。今にして思えば病院に行くべきだったのかもしれません。

こんな感じだったので、金曜夜から土曜にかけては十数時間寝てましたね。ただ、こうやって焦って勉強しても、あまり身にならなかったです。ちゃんと睡眠時間を確保した上で勉強しないと効率的ではないんです。

このトレードでは、たしかにそれなりのスワップポイントは毎月入ってきます。でもそれ以上に、値下がりによる含み損がすさまじく、トータルの収支はマイナスでした。最終的に２０１６年2月に損切り（ロスカット）したときには、１５０万円のスワップポイントは入りましたが、下落により５５０万円の損失で、トータル４００万円の負けです。

皮肉にもこの時期には、仕事のストレスはだいぶ少なくなっていました。慣れもありますし、抱えていたプロジェクトも区切りがついていました。それで、あらためて自分の資産を整理してみたんですね。**真っ先に整理したのが、前述のスワップ狙いのポジション**です。株のほうはほとんど勝っても負けてもいなかったです。そして、**ふと思い出してトラリピの口座を開くと、お金が増えている**んですね。このときは豪ドル／円の運用で、半年間で30万円が33万円になっていました。3万円という金額はたいしたことがないのですが、元の資金に対しては10％増です。これは、ひょっとしてと思いました。３００万円なら30万円、３０００万円なら３００万円ですからね。利回りで考えたら優秀です。**ただこのときは、今にして思えばけっこうリスクの高い運用をしていました。**あのままの設定で続けていたら、きっと今ごろは無事じゃなかったと思います。

仕事がだいぶ楽になっていたこともあり、本格的にトラリピの勉強を始めました。でも本はあまり読まなかったですね。というのも、**FXの本には立場上トレードをしてはいけない人が書いているものも多いから**です。自分で運用をして、実績を挙げている人のブログが参考になりました。どういう考えで運用し、どういう結果になったかまでのセットが勉強になりました。

不労所得だけで暮らせるようになり退職

会社を辞めても大丈夫、と判断した理由は二つあります。一つは**不労所得が生活費を上回る期間が3年以上続いたこと。**この調子でいけば、会社に頼らなくてもなんとかなるな、と考えていました。もう一つは「もしうまくいかなかったときは、今の会社に戻ってくることができる」と分かったこと。中途採用担当の社員から、一度退職した社員の再雇用も受け入れていることを教えてもらいました。だったら今やっていることに精一杯チャレンジして、もし本当にダメになったときにも働き口はあるな、と思えたのは大きかったですね。

セミリタイア後、はじめのうちは好きな時間に起きて好きな時間に寝て、を繰り返していましたが、これでは体調が安定しないと分かりました。今は、深夜0時に寝て、朝8時に起きる、規則正しい生活を心がけています。

セミリタイアして良かったと思うのは、これまでは通勤に費やしていた時間を有効に使えるようになった上、満員電車に乗らなくて済むこと、気の合わない人と無理に会わなくていいこと、空いている時間にお店に行けること、などたくさんあります。体調面でも睡眠時間が確保できるようになったからか風邪を引きにくくなりました。あと、空気の悪い都内に出る回数が減ったおかげか花粉症がなくなりました。一方で体力の衰えはすごく感じます。**私のようなインドア派の場合、セミリタイア後は筋トレ必須**ですね。それと、**収入が全て自己責任になる**ので、好調なときもあれば全然良くないときもある。サラリーマンの場合は会社がリスクを取ってくれるけれど、それが無いのは案外大きな違いですね。

FXで稼げるようになり仕事にも好影響

お金を稼ぐと気持ちに余裕が生まれます。「会社が倒産したら人生終わり」「旦那と離婚したら生きていけない」ってある種の依存ですよね。副業や投資で収入源が確保できれば、それらが人生の全てではなくなります。

私も本業以外の収入源を確立し、心に余裕ができたのは大きかったですね。会社に依存しなくても生きていけると思えたから、上司の顔色をうかがわず、はっきりと意見が言えるようになりました。職場の人間関係の煩わしさには疲れていましたが、仕事内容自体はけっこう好きでしたし、自分で仕事を回せている実感もありました。マネジメントするより現場の仕事が好きだったので、昇進する気が無いことや、どの仕事がしたいのかについてもはっきりと上司に伝えました。

ストレスなく働けるようになって、会社からの評価が良くなったのもこの時期でしたね。もし今仕事で伸び悩んでいる人は、あえて本業以外の稼ぎ口を見つけるのも良いかもしれません。**収入源が複数あれば会社に依存しなくてよい。**会社が全てじゃないと分かって気持ちが楽になるので、仕事にもプラスに働きます。

生活の軸を仕事から遠くへ

この本を手に取っていただいている人の中には、完全に仕事を辞めること、つまりフルリタイアを目指している人も多いと思います。私もかつてはそうだったのですが、今は**ストレスを感じない範囲で仕事も続ける、セミリタイアがバランスがよい**と思っています。不労所得と労働所得の合計が、生活に必要な金額を超えればよいのですから。

必要なお金は、一人暮らしなのか実家にいるのか、独身なのか子どもがいるのかなどで、大きく変わってきます。まずは自分がいくら必要なのかを把握することですね。ここから全てのシミュレーションが始まります。ちなみに私は独身だから簡単でした。もし子どもがいるなら、必要なお金は変化していきますからね。あとは、仕事で感じるストレスを、どの程度許容できるか。週に3日までなら問題ない人もいれば、週に1日働くのが限界の人もいます。

セミリタイアの良いところは、こういう感じで**自由度が高いこと**です。必要ならたくさん働けばいいですし、不労所得で潤ってきたら仕事を減らしてもいいです。日本人は、あまりにもプライベートを仕事に寄せすぎていると思います。約束が入っていても、仕事だからといえばキャンセルも許されたり。トラリピで不労所得を得られるようになり、もう少し**生活の軸を仕事から離したい**ですよね。

必要な金額を聞くと、「あればあるだけよい」と言う人がいます。それはもちろんそうなんですが、欲求が無限大だとゴールが設定できません。**私のゴールは、月に20万円の不労所得**でしたから、これが達成できたと判断して会社を辞めました。際限なくお金を求め続けると、いつかどこかで大きなドローダウンに遭い、資金を大きく減らし、最悪の場合は相場にいられなくなるかもしれません。自分の生活を基準に、ここまで増えればＯＫというゴールがあったほうが良いでしょう。

いろいろな人に、「複利運用をして、資金をもっと増やさないんですか？」と質問されます。今は２０００万円の資金で月に20万円を得ていますが、これが２億円なら月に２００万円入ってきますよね。でも、そんなにいらないんです。もちろん人によってはそれくらい必要かもしれません。大切なのは、自分に**どれくらいのお金が必要かを、しっかり定めること**です。死ぬ寸前に一番お金持ちになっても意味がないですからね。

一生稼げるシステムを組み立てよう

最後に、**0か1かではなく、0・5や0・7という考え方**はどうでしょうか。仕事を辞めるかどうかではなく、仕事で0・7稼ぎつつ、足りない0・3を投資で稼ぐというように、ストレスなく生きていけるライフスタイルを構築するために、投資にチャレンジしていただきたいです。残業はしない、週に3日は休む、アルバイトを週に1日だけするでも構いません。人それぞれ無理のない仕事の量というものがあり、足りないお金を補うのが投資であるという考え方です。これが私なりのセミリタイアへの考え方です。もちろんこの延長に、一切仕事をしないフルリタイアという考え方もあるかもしれません。

トラリピでそれなりの金額を得ていくためには、**ある程度の投資資金が必要**です。これを増やすためには、労働収入が一番です。正社員でも、アルバイトでも、働いていれば一定のお金が入ってきますから、これを資金に足していきます。投資がうまく回り出せば、出た利益を再投資するという複利効果も生まれますから、次第にお金は増えていきます。こうなると、労働収入に対してストック型の収入の比率が大きくなっていきます。

労働以外の収入も悪くはないのですが、不確実でメンタル的に負担が大きいのではないかと思います。たとえば広告収入を狙ってブログを書いたり、ユーチューバーになったり、写真を素材としてインターネットで販売したり。これらは当たれば労働より大きく稼げることもありますが、最初の1年、2年は全く儲からないのが当たり前です。この時期を乗り越えて、そこから本当に儲かるかどうかが判明する仕組みですので、投資の種銭を稼ぐならまずは労働収入の方が確実でしょう。

ここ最近は投資や副業がブームのように盛り上がっていますが、裏返せば将来の生活に金銭的な不安がある人が増えているのだと思います。それなら不労所得の仕組みを構築していきましょう。**トラリピは一度構築できれば、基本的には死ぬまで動かし続けることができます。**人間何歳まで生きるか分かりませんし、今後どれくらいお金がかかるかも分かりません。年金とは別の、お金が増えるシステムを時間をかけて構築していくことで、将来のお金に対する不安は少しずつなくなっていくと思いますよ。

第5章

トラリピ成功の極意
心構え編

トラリピは裁量トレードとは全く別の運用

ここからは、具体的にトラリピを使って資産を運用する考え方を紹介していく。
まず最初に、**トラリピと一般的な裁量トレードは全く別の運用**であることをあらためて意識していただきたい。

ＦＸの裁量トレードでは、安く買って高く売る、あるいは高く売って安く買い戻したときの差額が利益になる。逆に買ったときより安く売らざるを得なかったり、売ったときより高く買い戻すことになれば、その差額が損失になる。超短期のスキャルピングでも、超長期のポジショントレードでも、この原則は変わらない。

これはいわば、お買い得のときに仕入れ、値上がりしたら売却するという商売の原則と同じ考え方だが、あっきんさん、鈴さんが考えるトラリピを使ったトレードはそうではない。

「鈴」スタイル トラリピはトレードではなく不動産投資と同じ

トラリピと一般的な裁量トレードは全く別の運用です。たとえば、陸上というジャンルが一緒だとしても、100メートル走とフルマラソンくらい競技内容が違います。100メートル走のペースでフルマラソンに挑戦したら、すぐにバテて走れなくなってしまいますよね。

デイトレードやスイングトレードのような裁量トレードは、元手を増やすための運用です。たとえば100万円を110万円にする、みたいな。でも**トラリピは、元本をベースにお金を増やす設定を組むもの**です。そして**ちょっとずつ利益を得ながら、元本を回収することを目指します**。これは不動産投資に近くて、元本を用意して物件を購入し、月々入ってくる賃貸収入で元本を回収できればクリア、のようなイメージです。

不動産では、土地の値段が上下することがありますが、それで一時的に損失が大きくなっても、損をしたとは感じないのではないでしょうか。長い年月をかけて、投資した分を回収できればOK。トラリピも似ているところがあり、構造上どうしても含み損を抱えます。でもそれ以上に蓄積された利益があれば、その運用はプラス収支になります。

さらに、**数カ月あるいは数年に1回はメンテナンスが必要になるところも似ています。**不動産投資なら物件の補修をしますよね。トラリピも**為替相場が変動すれば、想定するレンジ、狙う値幅も変わってきます**から調整が必要です。調整にあたって、場合によっては損切りが発生するかもしれませんから、これは一時的に発生するコストです。でも、不動産投資と同じで、それ以上に収入を得ていれば問題ありません。

これからトラリピに挑戦される方は、**普通の裁量トレードとは根本から違う競技なんだということを、かなり強く意識する**ようにしてください。

「鈴」スタイル 含み損と付き合うことが大切

すでに述べましたが、トラリピをやっていると必ず含み損を抱えることになります。裁量トレードなら、含み損を長期間放置することはありえないですよね。損失はできるだけ小さく、利益はできるだけ大きくというのがよく聞くセオリーです。

でも**トラリピの場合は、含み損があるのが当たり前の状態**なので、この状態に慣れることが大切。トラリピの口座を持っていると使える「**トラリピ運用試算表**」を利用すると、ある設定で運用したときの理論上の最大含み損がすぐ分かります。その設定において想定したレンジ内に価格がとどまっている場合、それくらいの含み損が出ることはあるということですから、いわばトラリピを続けるために必要なコストであり、受け入れなければいけません（図⑤-1）。

そして何より、含み損は将来の利益の源泉になるものです。トラリピで利益を得るためには、もちろんポジションを保有していなくてはいけません。**含み損があるということは、たくさんポジションを持っていることと同じ意味**です。値動きが想定しているレンジから大きくはみ出したり、あるいは途中で運用をやめたりしない限り、含み損はいつか利益に変わります。

裁量トレードとは違って、むしろ含み損があるならそれは良い状態だと思えるようになりましょう。

図⑤-1　その運用のリスクが事前に分かる

ポジションの平均価格	79.988円
ポジションの合計	6.0万通貨
トラップ値幅	0.344円
必要証拠金　①	191,986円
すべて成立時の評価損　②	-299,280円
必要資金の合計（①－②）	491,266円
すべて成立時の維持率	389.28%
すべて成立時の実質レバレッジ（取引総代金÷有効証拠金）	6.85倍
ストップロス損失額	-779,280円
ロスカット	65.960円

「鈴」スタイル

相場が読めないことが大前提

私がなぜトラリピをメインの投資対象としているかといえば、それは**相場が読めないから**です。安いときに買って値上がりしてから売れるのなら、それが一番利益が出ます。ただ、そういった上手な裁量トレードというものは難しく、少なくとも私はできません。だから、**今から相場が上がるか下がるかが読めなくてもできる、トラリピに注力**しています。

「どのタイミングでトラリピを始めればよいですか？」という質問をよくいただきます。暴落の直後から買い、暴騰の直後から売りのトラリピを始めれば、確かに一番儲(もう)かります。でもそれって、そういう大きな変動が来ることを予想できなければなりません。でもそれを読むのは至難の業なので、私はそういう質問に対しては、**相場が読めないことが前提なので、準備が整ったらすぐ始めましょう**と回答するようにしています。いつ来るか分からない最高のタイミングを待つより、長く運用を続けて元本を大きく育てていくためにすぐ始めたほうが有利です。

相場を読んで乗ろうとする裁量トレードももちろんよいと思いますが、トラリピをする場合にはそういった**予測をしない、できないという前提で、戦略を考える**ようにしてください。

トラリピで儲かるかどうかはボラティリティ次第

裁量トレードで大きく利益を稼げるのは、利を伸ばせたとき、大きな枚数で勝ったときである。でもこの考えをトラリピに持ち込むのはお勧めできない。**トラリピで儲かるかどうかは、ほとんどボラティリティだけで決まる。**このあたりの考え方を、あっきんさんに解説していただこう。

「あっきん」スタイル　年によってボラティリティはかなり違う

私のトラリピは、**年間リターンを10〜15％で想定**しています。強制ロスカットになってしまう水準を、史上最安値、最高値より遠くに設定しているので、これくらいが現実的な目標です。でも、年間利回り10％と15％って、大きな違いですよね。なぜ

図⑤-2 主要通貨ペアの年間高低差(2016〜2018年)

	2016年	2017年	2018年
ドル/円	22.9	11.29	9.93
豪ドル/円	15.54	8.76	11.87
NZドル/円	14.73	8.2	9.24
カナダドル/円	14.1	11.03	11.25

※単位は円

※イベントが多かった2016年と比べ、2017年、2018年は値動きが乏しかった

ここまで違うのかというと、**トラリピの利益はボラティリティ(価格の変動幅)に大きく依存する**からです(図⑤-2)。

上の表は、2016〜2018年の年間高低差(高値と安値の差)をまとめたものです。ブレグジットやトランプラリーがあった2016年は全体的にボラティリティが高く、これくらいだと15%のリターンを狙えます。逆に2017年、2018年はボラティリティが明らかに下がっており、これだと10%も厳しくなってしまいます。

こういった相場の動きは、もちろん私たちにはどうすることもできませ

ん。なので、同じ設定でトラリピを走らせていても、ボラティリティによって利益はずいぶん変わってきます。

「あっきん」スタイル 思ったより儲からなくても慌てない

「トラリピを始めたが、思ったより儲からない」という相談や質問をいただくのですが、だいたいそれはボラティリティがないことが要因です。トラリピという商品に問題があるわけではないんです。

ただここで、もっと儲けたいからといって、ポジションあたりの取引枚数を増やしたり、注文本数を増やしたりすると、強制ロスカットになるラインが近づいてしまい、何らかのクラッシュで口座が維持できなくなる可能性が上がってしまいます。

さらにいえば、投資に回せるお金をいきなり全部トラリピに投じないほうがよいと思います。私が、ドル／円が120円台のときから買いトラリピを始め、75円台まで下がったのに生き残れたのは、追加の資金を注入できたからです。為替（かわせ）は下がるときには下がりますから、奥の手として現金を残しておくことも大切。

たしかに、リスクを増していけばそれだけ短い期間でお金は増えますが、その分トラリピを続けられない可能性もアップしていきます。トラリピの利益や、仕事の給料を口座に足すことでトラリピの運用は成長していきますから、無理をしないことは本当に大切です。

スワップポイントは気にしない

ＦＸで得られる利益は、キャピタルゲイン（売買差益）とインカムゲイン（スワップポイント）に大別される。このうち、トラリピは前者を狙うものなので、**スワップポイントがたとえマイナスになろうとも、気にしないというのがあっきんさん、鈴さんに共通する考え方**だ。

「鈴」スタイル　スワップよりも仕掛けるレンジ

トラリピは決済利益を狙う運用なので、スワップポイントによって売買方針が左右されてはいけません。円が絡む通貨ペアの場合、大体は買いのトラリピならスワップがもらえるかわりに、売りのトラリピならスワップを支払うことになりますが、だからといって買いの範囲を広げるといったことはしません。

というのも、トラリピ全体で得られる利益が10だとしたら、スワップでマイナスになるのはそのうちの1くらいだからです。確かに、スワップを日々支払うのはストレスかもしれませんが、全体への影響は限定的。スワップを気にするより、しっかり資金管理をしたり、仕掛けるレンジを十分に検討することのほうが大切です。

ただこれは、ドル/円や豪ドル/円などの、先進国通貨ペアの話です。メキシコペソ/円や南アランド/円といった高金利通貨ペアは支払いスワップの影響がもっと大きいので、これらは買いの運用のみをしています。

月ごとにまとめるなど必ず成績を管理すること

あっきんさん、鈴さんともに、**トラリピの成績を通貨ペアごと、時期ごとにまとめて管理**している。皆さんが見ているお二人のブログに載っている成績は、このようにまとめられたもの。

ブログやSNSで公開しないとしても、トラリピの成績はしっかり記録して管理したほうがよい。

以下、その理由をあっきんさんに解説していただいた。

「あっきん」スタイル 月に1度くらいの記録更新を

しっかりお金が増えていることを実感することで、運用を続けるモチベーションになります。また、記録することで、定期的に運用をチェックすることになります。基本的にトラリピは放置できますが、相場に大きな動きがあってレンジの場所が変わることもありうるため、全くメンテナンスの必要がないわけではありません。

もちろん毎日チェックする必要はありませんが、完全に忘れてしまわないためにも、月に1度くらいの記録更新はしたほうがよいでしょう。

第6章

トラリピ成功の極意　技術編

ここからは、実際にどういう設定でトラリピを動かせば、あっきんさん、鈴さんのような不労所得の仕組みを構築できるかを解説していく。

通貨ペアはレンジになっているものを選ぶ！

「長期的に見ればレンジになりやすい」というFXの特性を大いに生かせるのがトラリピである。そのため、トラリピで運用する通貨ペアは、年単位の長期視点で見てレンジ相場になっている（＝トレンドが出ていない）通貨ペアを選ぶことが非常に重要。この本の最初にお見せした豪ドル／円のチャートをもう一度ご覧いただきたい（25ページ）。

理想のレンジの形を視覚的に覚える

チャートの左端の開始価格、右端の最新価格がだいたい同じくらいの水準にあることに注目していただきたい。一時的に上がったり、下がったりしているものの、この

図⑥-1　豪ドル／円月足（1996〜2019年）

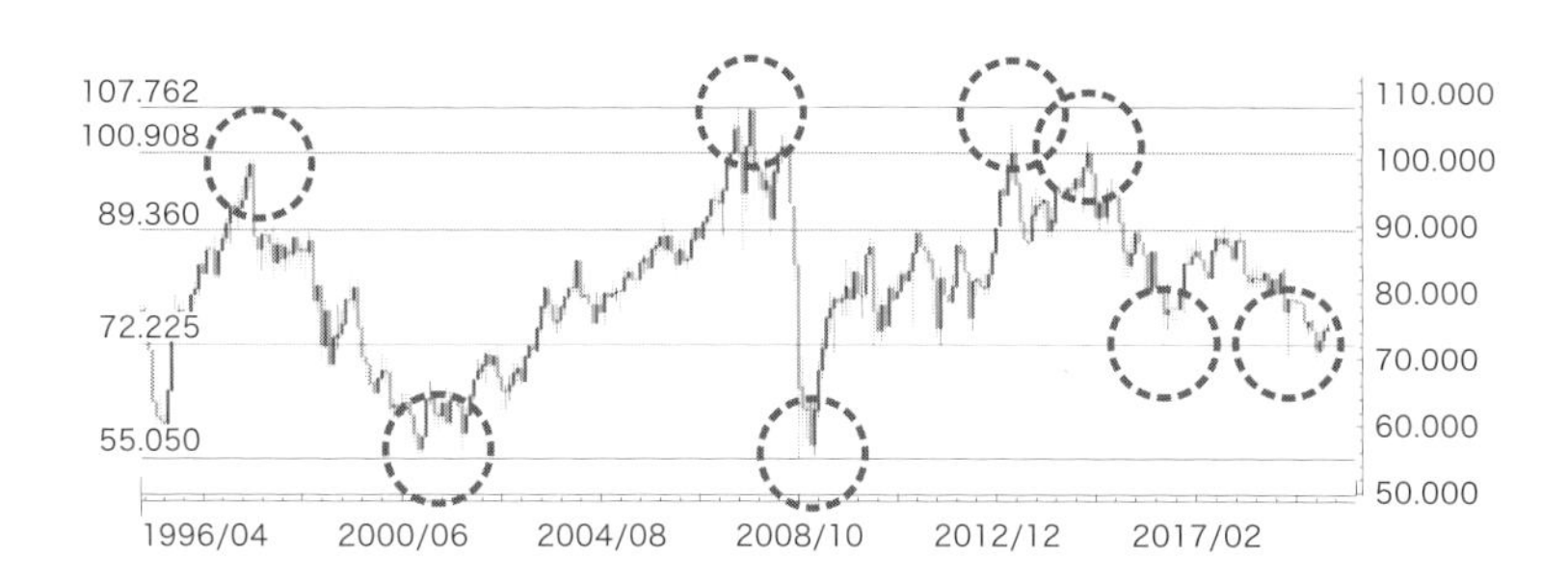

チャートだけで判断するなら結局ほぼ元の位置に戻ってきている。

また、下は55円付近、上は１０７円付近に値動きが何度も反転しているラインが引けることも重要。これはつまり、**レンジの上下限で反転しやすい状態で、一定範囲でトラリピを動かしやすいと判断できる。**

さらに豪ドル／円は、**レンジの内部にも何本も機能している水平ラインを引くことができる。**こういったラインに価格がぶつかると反転しやすいため、小さなレンジが形成されやすく、それがトラリピの機能のしやすさにつながる（図⑥－１）。

図⑥-2　トルコリラ／円月足（2005～2019年）

※高値も安値もずっと切り下がり続けている、典型的な下降トレンド。レンジにはなっていない

レンジになっていない通貨ペアもある

逆にこちらは、レンジ相場になっていない通貨ペアの典型例、トルコリラ／円のチャート。チャート左端の開始価格より、現在の価格が明らかに下にあり、値動き自体も明確な下降トレンド。こういった、「行ったり来たりしていない」通貨ペアでは、トラリピの良さを生かすことはできない（図⑥-2）。

「鈴」スタイル　レンジ相場が弱いものはメイン運用にはしない

メキシコペソ／円と南アランド／円のトラリピも動かしていますが、この二つは超長期的なレンジ相場になっているかといえば、他の通貨ペアより弱いのでメイン運用とは考えていません。

ポンド／円は、私の感覚ではレンジになっているように見えません。今後、結果的にレンジのような動きになることもあると思いますが、確信を持てないのであえて運用はしていません。他にもっとレンジになっていて、運用しやすい通貨ペアがたくさんあるので（図⑥-3）。

ユーロ／円は、形は悪くないんですが、ユーロはまだ生まれてから月日がそんなに経ってない通貨なので、過大評価されているような気がしています。もうちょっと時間が経つともっとレンジが固まって、今よりも運用しやすくなるかもしれません（図⑥-4）。

図⑥-3　ポンド／円月足（2004〜2019年）

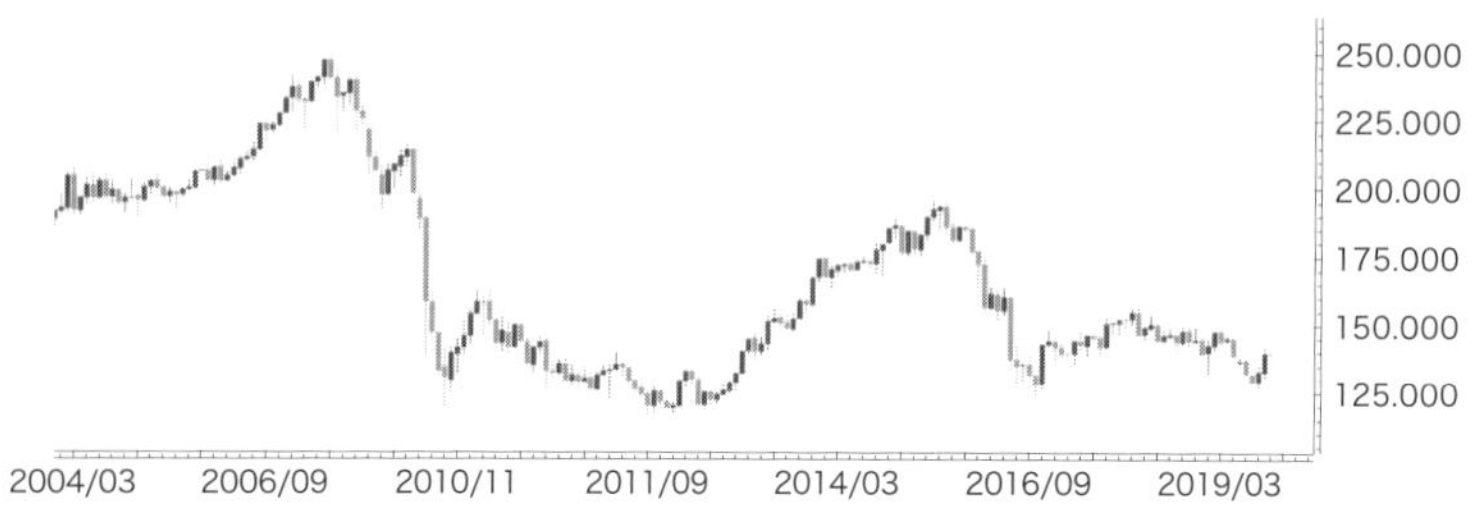

※安値はおおむねそろっているものの、高値が切り下がっている

図⑥-4　ユーロ／円月足（2004〜2019年）

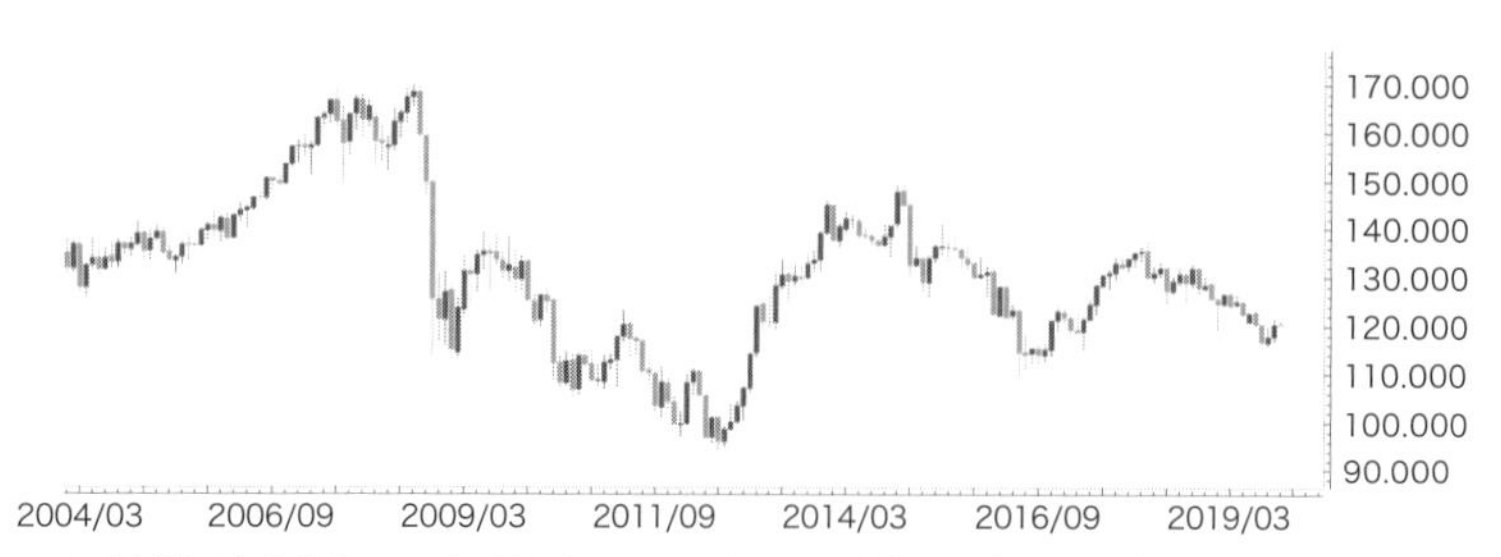

※直近はそれなりにレンジの形になっているものの、通貨の歴史の浅さが心配とのこと

生き残ることを最優先！　狙う年利は10〜15％程度

この本の目的は、金の卵を産み続けるニワトリをじっくり、着実に育てていくため、トラリピを活用することだ。時間をかけて、生涯にわたってお金を生み出し続ける不労所得の仕組みを構築することが目的であり、１週間、１カ月といった短期的なスパンでお金を増やすことは目指していない。

そのため、少々の事件が起きても、問題なくトラリピの運用が続けられることが重要。具体的には、**過去に起きた大変動と同じくらい暴落（あるいは暴騰）してもなお、強制ロスカットにならない運用が大前提**（図⑥－５）。

次ページのチャートは、１９９５年から２０１９年までのドル／円の月足チャートだ。一番高かったのは１９９８年の１４７円台、一番安かったのは２０１１年の75円台であることは一目瞭然（りょうぜん）。つまり、**ドル／円という通貨ペアは75円から１４７円のレンジ相場**であると解釈でき、この範囲内にトラリピを仕掛けることが基本戦略となる。過去の長期間、滞在してきたレンジ内にくまなくイフダン注文を設置することで、持続的に利益確定が繰り返されることが期待できる。

図⑥-5　ドル／円月足（1995〜2019年）

※ドル／円は147円を上限、75円を下限とするレンジ相場といえる。ただし、高値や安値はいつかブレイクされるもの。1995年の79円台の安値は、2011年に75円台まで更新された

ただし、相場において、**最高値や最安値はいつかブレイクされる運命にある。**そして、そのタイミングは分からない。たとえばこのドル／円。現在のドル／円の最安値は２０１１年の75円台だが、それまでは１９９５年の79円台が最安値だった。これはつまり、２０１１年に16年ぶりに最安値が更新されたことになる。

そのため、トラリピを仕掛ける場合には、**過去の最高値や最安値をブレイクしてもなお、口座が維持できる余裕を持った資金管理をするのがセオリー**だ。

どの幅にトラリピを仕掛けるかにつ

いて、鈴さんに解説していただいた。

「鈴」スタイル 再度のリーマン・ショックに備える

私はトラリピを仕掛ける際には、**過去の15年間の最高値と最安値を参考にしています**。この15年という期間にはそれほど強力な根拠はなく、2008年に発生したリーマン・ショックを含めたかったからです。少し前の大きな値動きを考慮した、レンジ設定をするためですね（図⑥-6～12）。

この15年チャートの最高値、最安値まで到達しても損切りにならない設定が基本中の基本です。つまり、私のトラリピの運用では、**レンジ相場が続く限り損切りは想定していません**。その一つの理由は、暴落時には非常に多くの利益が取れるからです。たとえば、リーマン・ショックの年は、計算上の年間リターン率は100%を超えました。ちなみに2019年は秋までのリターン率が7%くらいです。

暴落が起きると、まず売りポジションは全て利食いになり（後述するハーフ&ハーフの設定のため）、さらにたくさんの買いポジションを持ちます。そして**どんな暴落**

図⑥-6　ドル／円月足の15年チャート

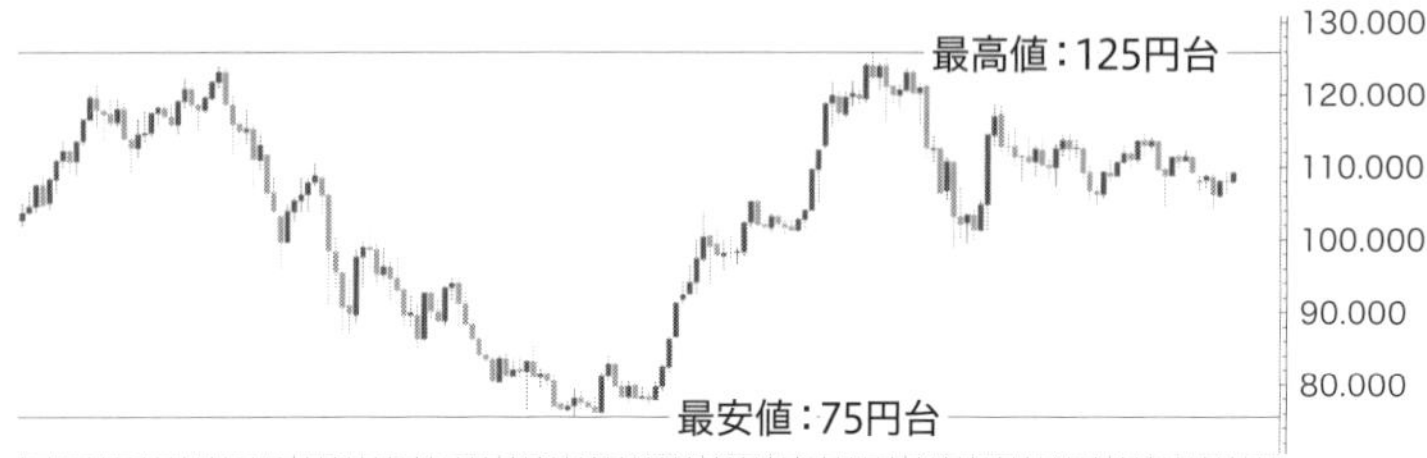

図⑥-7　ユーロ／円月足の15年チャート

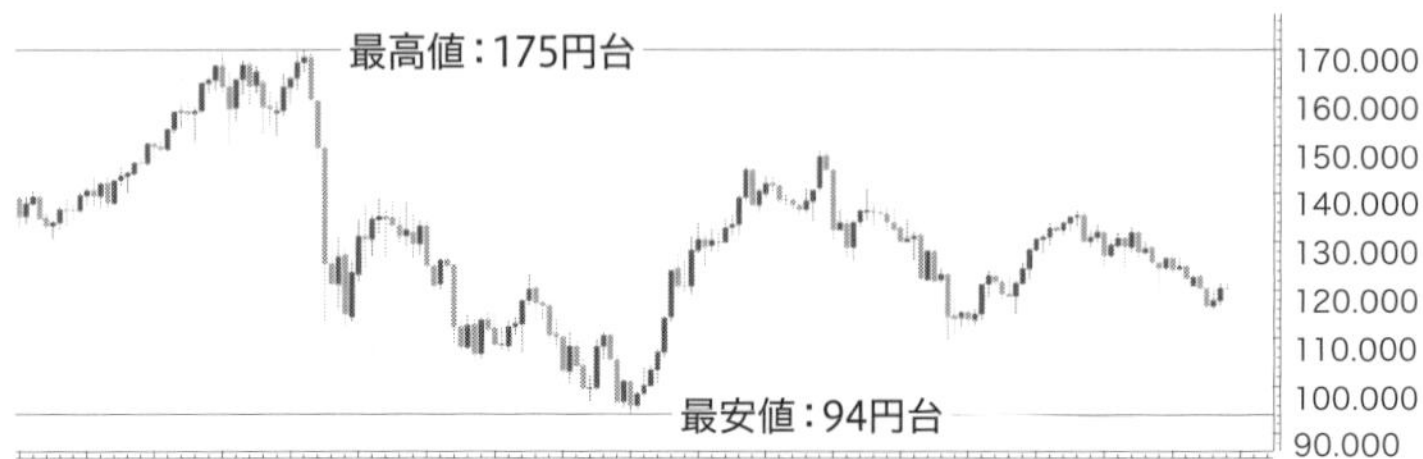

図⑥-8 豪ドル／円月足の15年チャート

図⑥-9 豪ドル／米ドル月足の15年チャート

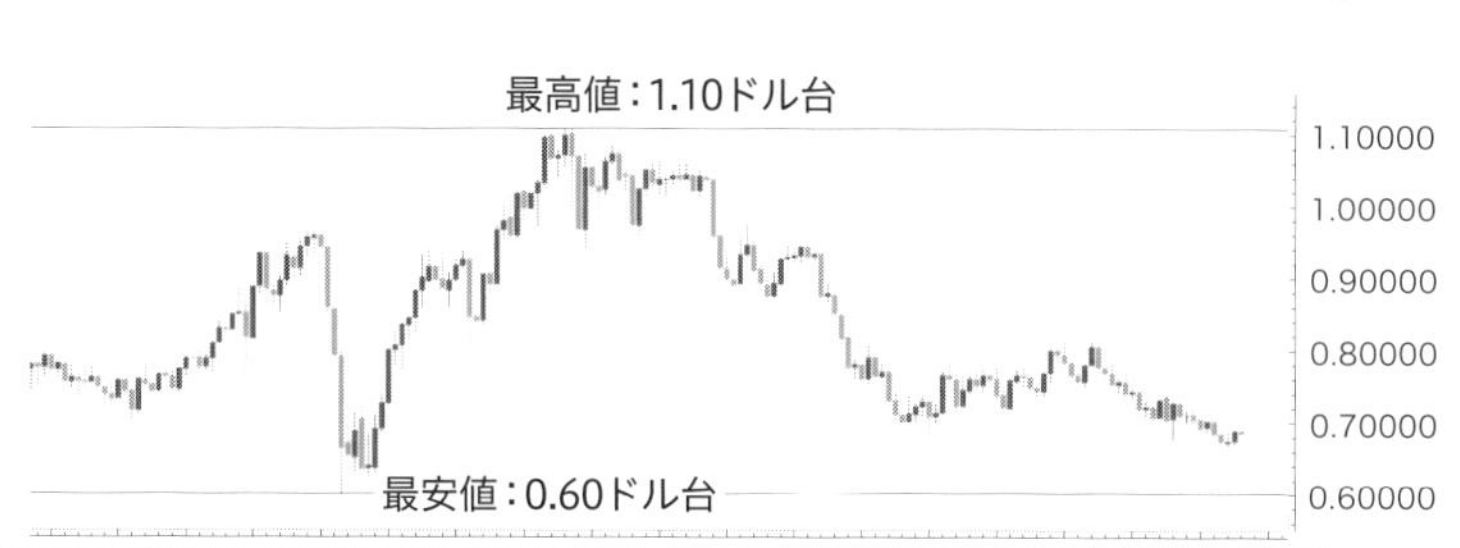

図⑥-10　NZドル／円月足の15年チャート

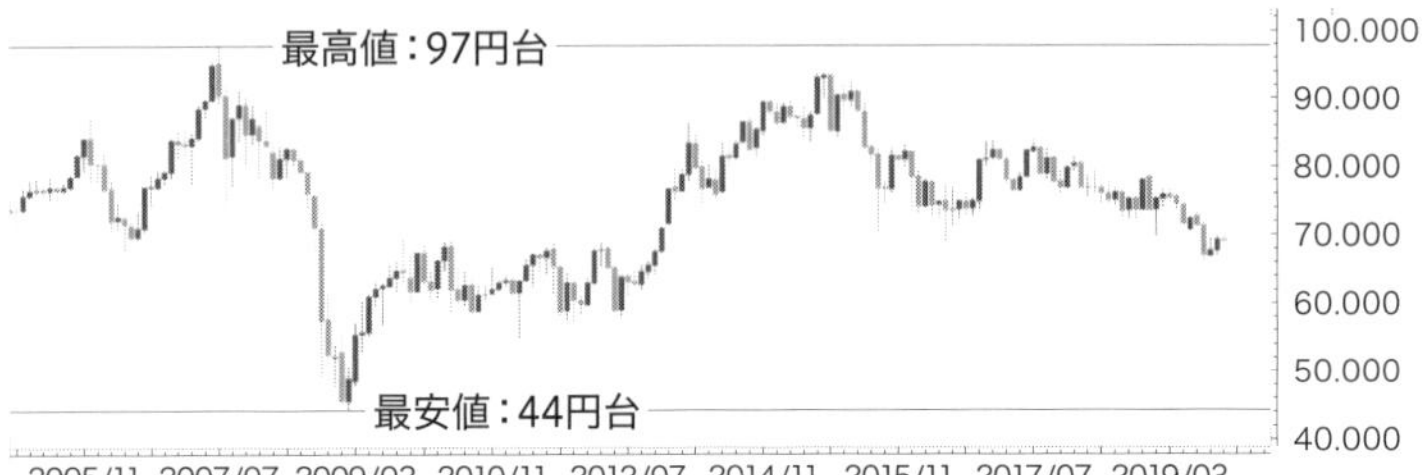

図⑥-11　NZドル／米ドル月足の15年チャート

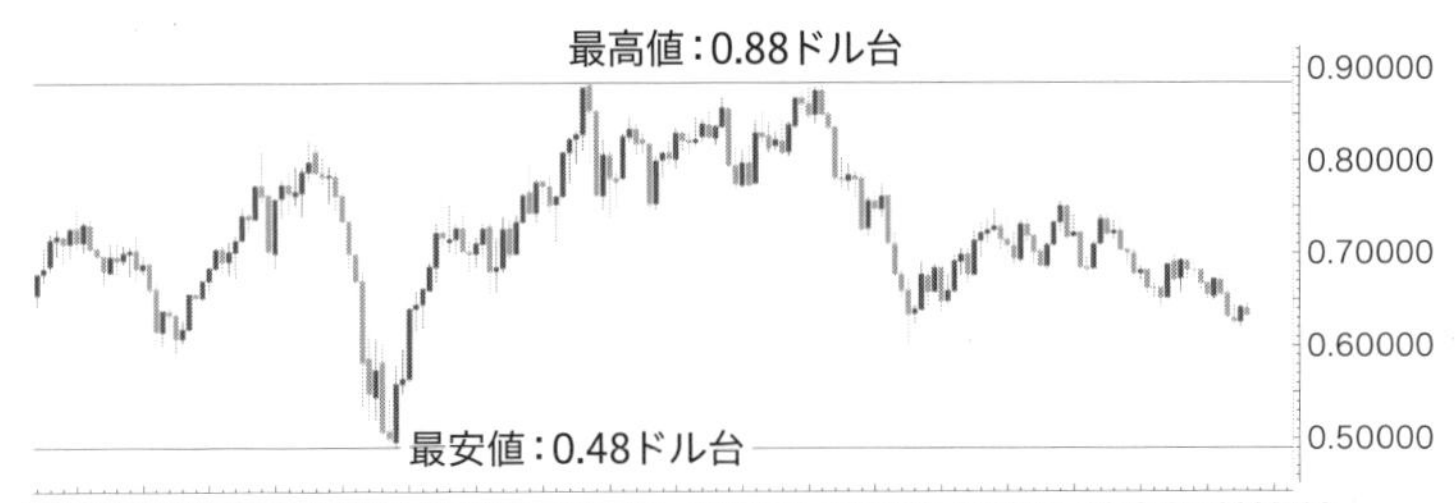

図⑥-12　カナダドル／円月足の15年チャート

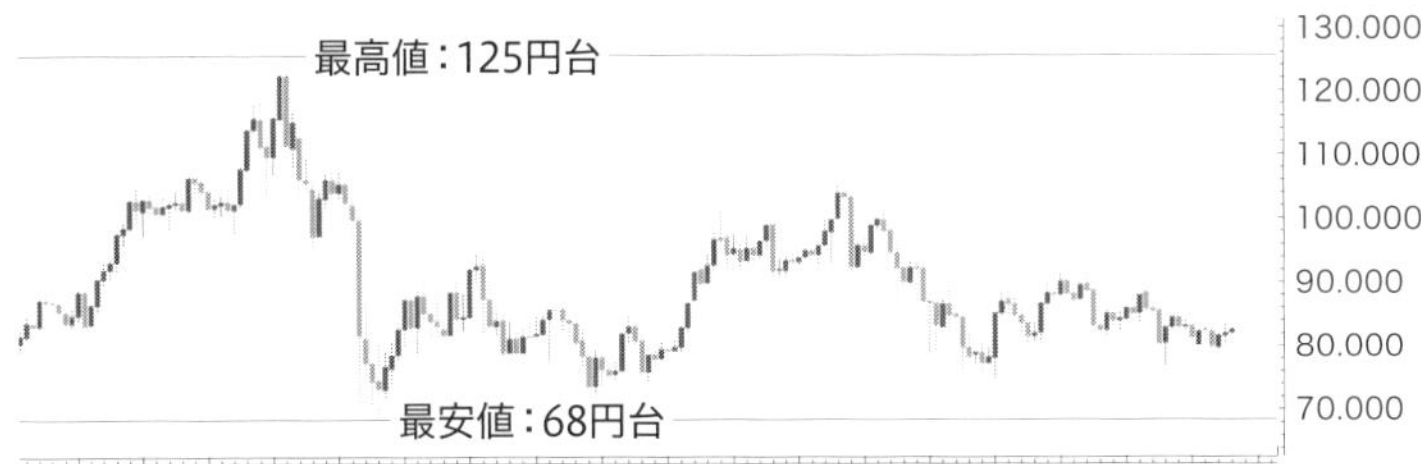

も結果として元の価格に戻ってきていますから、そのたくさんの買いポジションが全て利益になるわけです。また暴落しているような局面では**ボラティリティが高くなるため、新規エントリーも利益確定も発生しやすくなります。**

「鈴」スタイル　大きく動く年に一気に稼ぐ

リーマン・ショックのときの豪ドル／円はすごい利益になっていますよ。100円を超えたところから落ち始めて、55円台で底をつけて、それから80

円まで戻ってきたんですから。

このように**暴落はその後の反転も含め大きく稼ぐチャンスですから、決してロスカットになってはいけない**んです。だから過去の最安値を超えてもすぐにはロスカットにならない資金管理は必須(ひっす)ですし、いざというときに口座に追加できる**余剰資金があると安心**です。

私のトラリピの年間目標リターンは10~15%ですが、これはあくまで何年も動かした場合の平均です。2019年のように動きが鈍い年には、10%を切ってしまうこともあるのは既に述べた通り。逆にリーマン・ショックがあった2008年のような大相場で大きく稼ぐことで、全体のリターンを押し上げます。

買いと売りを併用するハーフ&ハーフが有効

長期的なレンジの上下限を超えてもなお、損切りにならない資金管理の有効性について解説した。次は売買の方法について。

結論から先にいうと、**トラリピではレンジの上半分で売り、下半分で買う**「**ハーフ**

図⑥-13　ハーフ&ハーフのイメージ図

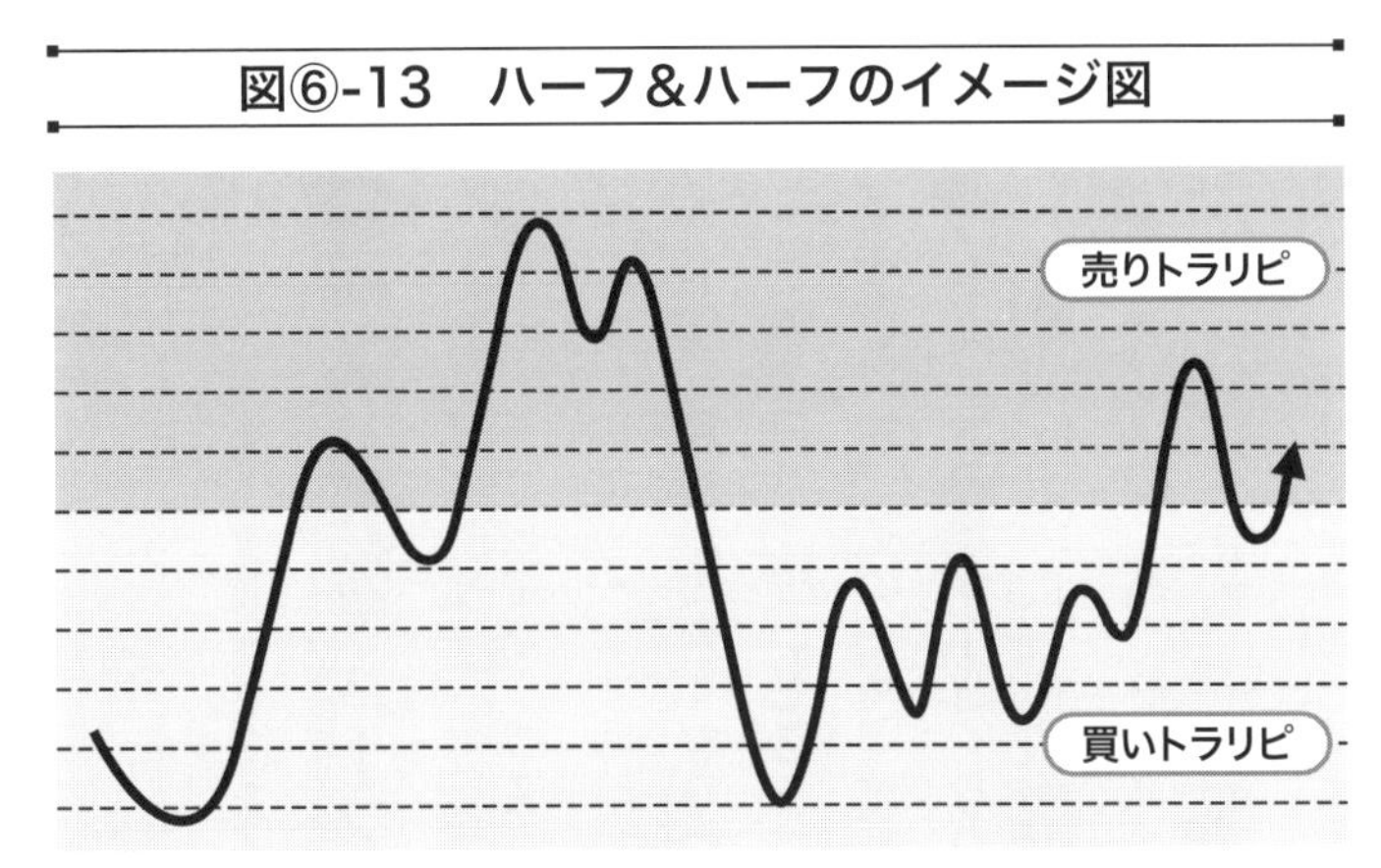

※安いときに買い、高いときに売る考え方をトラリピに用いたもの

図⑥-14　ハーフ&ハーフはレンジ相場とかみ合いやすい

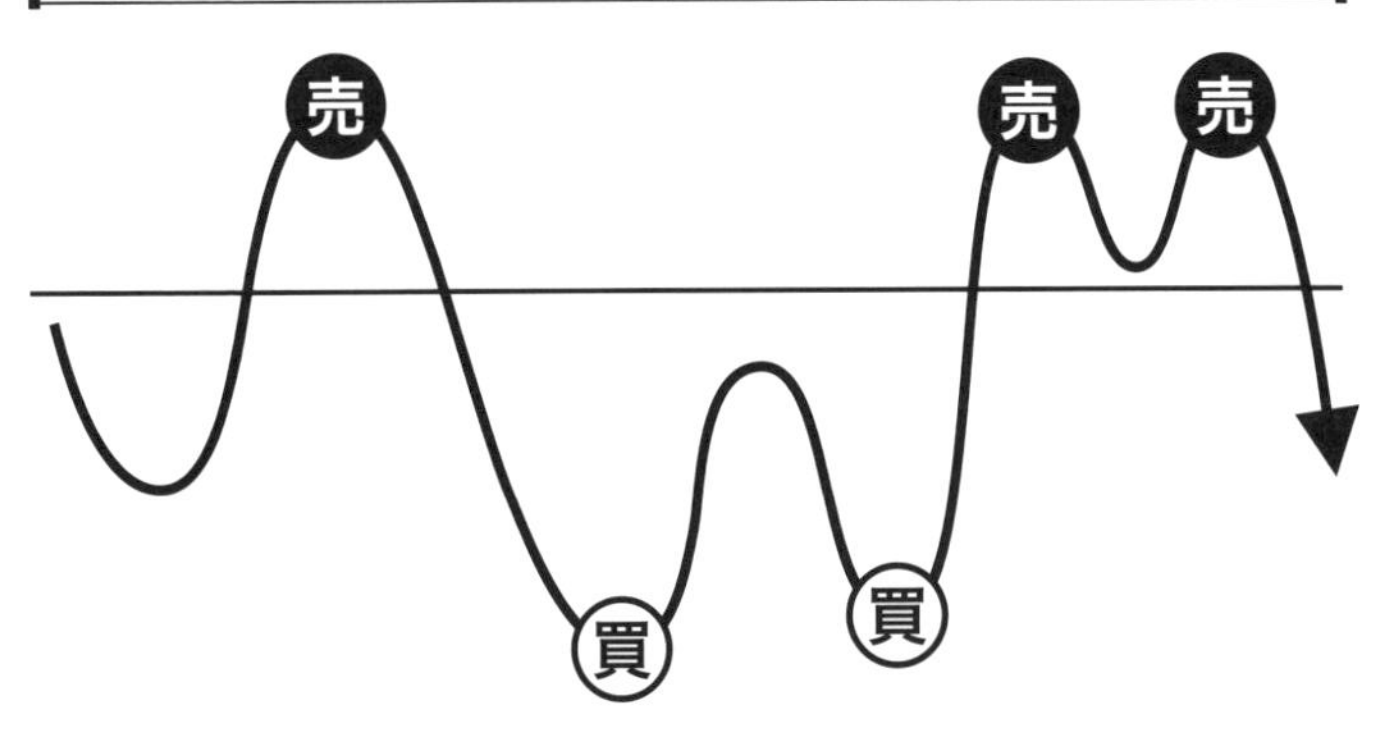

※高いときに買ったり、安く売ったりしにくいため、レンジ相場の動きに対して自然な売買になりやすい

&ハーフ」が有効だ。ハーフ&ハーフについて、あっきんさんに解説していただいた（図⑥－13）。

「あっきん」スタイル ハーフ&ハーフのメリット

私は全てのトラリピでハーフ&ハーフを行っています。ハーフ&ハーフには非常にメリットが多いので、一つずつ解説していきましょう。

●メリット①　利益が大きくなりやすい（図⑥－14）

高いところで売り、安いところで買うため、相場の動きとかみ合いやすく、利益確定されやすいです。そのため、確定利益が多くなる傾向があります。

●メリット②　含み損が小さくなりやすい（図⑥－15）

買いの運用ならレンジ下限、売りの運用ならレンジ上限に接近するときに含み損が最大になります。でもハーフ&ハーフなら、レンジ下限では売り注文はすべて利食いしており、レンジ上限では買い注文は全て利食いしているため、利食いが増える上に、圧倒的に最大含み損が小さくなります。

図⑥-15　買いと売りの良いとこどり

買いの場合

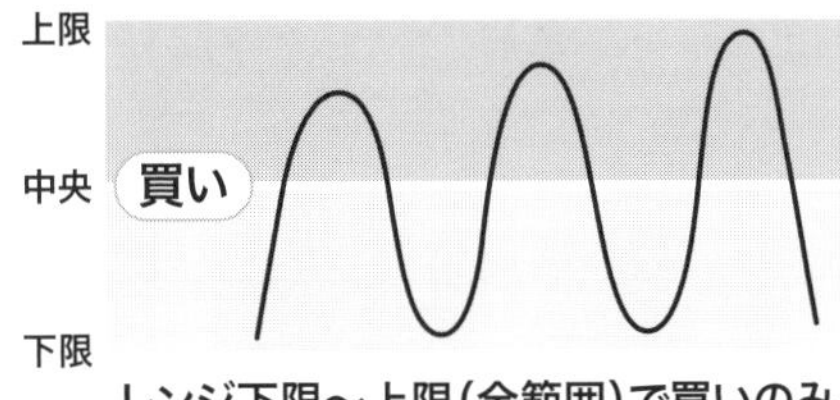

レンジ上側	利益になりにくく 損失になりやすい
レンジ下側	利益になりやすく 損失になりにくい

レンジ下限〜上限(全範囲)で買いのみ

売りの場合

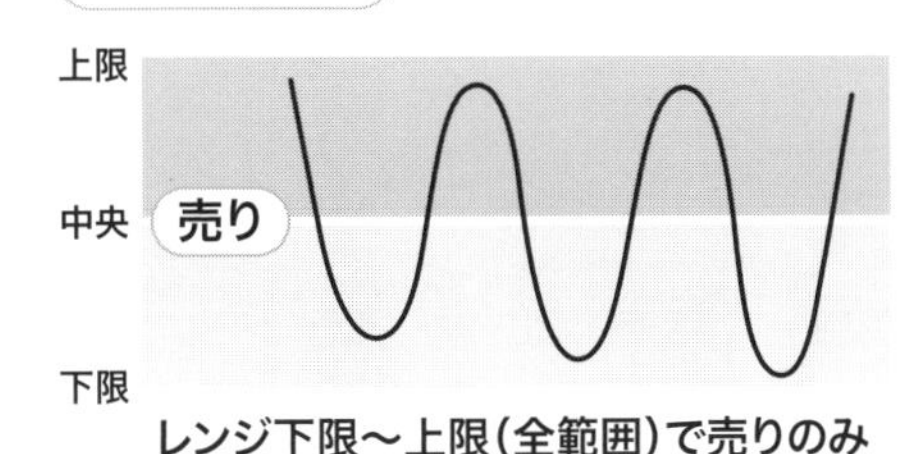

レンジ上側	利益になりやすく 損失になりにくい
レンジ下側	利益になりにくく 損失になりやすい

レンジ下限〜上限(全範囲)で売りのみ

ハーフ&ハーフ

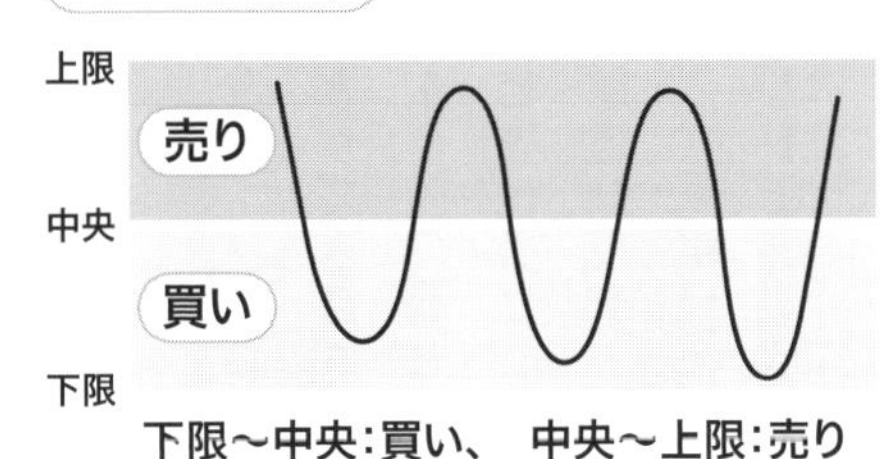

レンジ上側で売り	利益になりやすく 損失になりにくい
レンジ下側で買い	利益になりやすく 損失になりにくい

下限〜中央:買い、　中央〜上限:売り

図⑥-16　必要証拠金を大幅に抑えられる

ドル円で例えると…

100～105円の範囲に10万通貨の買いトラリピ

105～110円の範囲に10万通貨の売りトラリピ

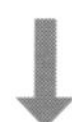

最大10万通貨しか保有しないので、証拠金も10万通貨分で済む

●メリット③　必要証拠金が圧縮される（図⑥－16）

トラリピのハーフ&ハーフでは、必要証拠金を抑えることができます。たとえば、100～110円の範囲に合計20万通貨のトラリピを仕掛けると、必要な証拠金は20万通貨分です。しかし、「100～105円に買い注文を10万通貨、105～110円に売り注文を10万通貨」のようなハーフ&ハーフのトラリピなら、必要な証拠金は半分の10万通貨分で済むのです。

●メリット④　レンジの中央で含み損なしで撤退できる（図⑥－17）

トラリピをやめるときには、全ポジ

図⑥-17　レンジ中央で含み損がゼロになる

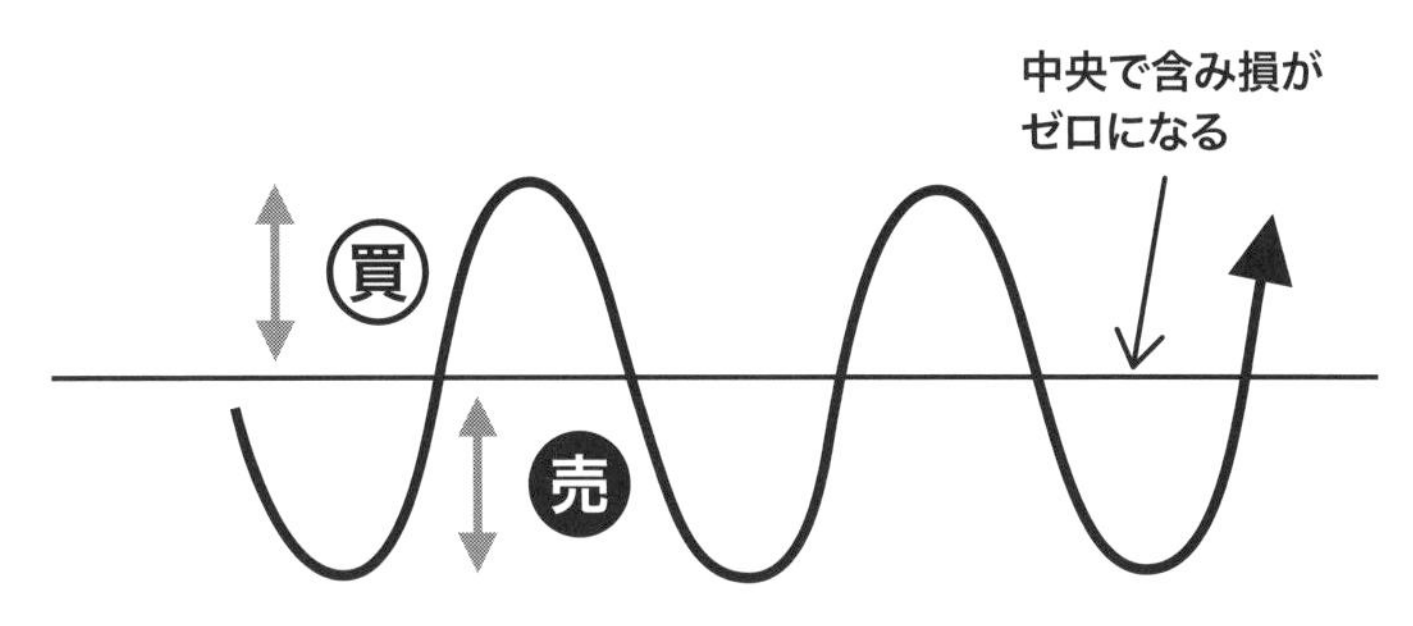

買いのみなら一番上、売りのみなら一番下で
含み損がゼロになる

ションを決済することになりますが、買いならレンジ上限、売りならレンジ下限に現在価格がないと含み損になっているポジションを損切りすることになります。

　でもハーフ&ハーフなら、買いと売りの境界となるレンジ中央付近に、含み損がゼロになる水準があります。レンジの頂点（底）と中央、どちらに滞在しやすいかといえば、もちろん中央です。

　トラリピは、やめずにずっと続けることが前提ですが、**設定を組み直す場合や、どうしてもお金が必要になった場合には全決済が必要**です。**ハーフ&**

ハーフなら、ダメージなくそれができるチャンスが多いといえます。ただし、ハーフ&ハーフにもデメリットがあります。

●デメリット　買いでも売りでも、損切りになる可能性がある

買いならレンジ下限、売りならレンジ上限の先に、最終的なロスカットラインがありますが、ハーフ&ハーフの場合は買いも売りもやるので、**上がり過ぎても、下がり過ぎても、損切りされる可能性があります。**

ただこれは、資金に極めて余裕を持たせる運用なら、実際にそうなる可能性は非常に低くなります。

複数の通貨ペアでポートフォリオを組む！

ポートフォリオとは、FXに限らずいろいろな投資で使われる投資用語で、**複数の特徴が異なる商品を同時に運用して、リスクの分散をはかること。**

なぜ、ポートフォリオを組まないといけないのか。それは、未来の相場がどうなるのか誰にも分からないことが前提になっているから。リーマン・ショック級の世界的な大不況がいつ起きてもおかしくないし、戦争や天変地異でこれまでと全く異なる相場の流れが生まれるかもしれない。超大国が没落して、途上国が一気に先進国になるかもしれない。こういった**不確定要素が多いからこそ、資産をいくつもの商品に分けて投資し、共倒れ、全滅を防ぐのがポートフォリオの基本的な考え方**だ。

そもそも、未来のことが高い確率で分かるのなら、一番儲(もう)かる商品に資金を集中すればよい話。しかし、それができない以上は、再起不能を回避することがとても大切だ。

ポートフォリオは、為替(かわせ)+株+債券だったり、同じFXの中でも自動売買+スワップ運用+デイトレードのような組まれ方をするのが一般的。でも、**トラリピのみを運用する場合でも、複数の通貨ペアを組み合わせることが必須**なのだ。まずはあっきんさんに、ポートフォリオ構築の基本的な考え方を解説していただく。

「あっきん」スタイル 複数の通貨ペアでトラリピを動かす

私は、今は4通貨ペアでトラリピを動かしています。なぜかというと、大きな暴落が来たときにドル／円、ユーロ／円、ポンド／円、豪ドル／円といった円とペアになっているものは、どれも同じように大きく下げる形になりやすいからです。

でもこのときに円が絡まない、たとえば、NZドル／米ドルのような通貨ペアを同時に動かしていれば、対円通貨ペアとはぜんぜん違う動きになります。こうすることで、複数の通貨ペアがまとめて強制ロスカットになる事態を避けます（図⑥－18、19）。

単一の通貨ペアに資金を集中した方が、あるいはパフォーマンスは良くなるかもしれませんが、それよりも、悪い状態になったときに大ダメージを食らわないことを優先します（※ただ、この4通貨ペア運用は2019年で終わりにする予定です。実際に運用してみて期待していたパフォーマンスがでなかったので2020年は新たな考え方で運用を始めたいと思います。その辺りもリアルな運用を見ていただくということでブログで随時解説していく予定です。その時々でトラリピ設定を改良していくのがあっきん流なので今後も研究を続けていきたいと思います）。

図⑥-18　ユーロ／円月足（2005～2019年）

図⑥-19　NZドル／米ドル月足（2006～2019年）

※全く同じ期間でも山や谷の位置が違っている。こういった通貨ペアを組み合わせて運用することで、相場が大きく動いた場合のダメージを軽減する

9通貨ペアによるトラリピのポートフォリオ

次に、**鈴さんが現在運用している9通貨ペアによる、トラリピのポートフォリオ**を公開する（図⑥－20）。

現在は9通貨ペアを運用しており、メインとなる7通貨ペアは買いと売りを併用したハーフ&ハーフ。この通りに設定をすれば、毎月20万円の不労所得を得ている鈴さんと完全に同じ設定でトラリピを稼働できる（利益は口座資金によって変動する）。

構成を見ると、円が絡んだドル／円、ユーロ／円、豪ドル／円、NZドル／円、カナダドル／円と、ドル絡みの豪ドル／米ドル、NZドル／米ドル、そして高金利なので買いのみの南アランド／円、メキシコペソ／円と、バラエティに富んだ編成になっている。それぞれの、長期チャート、トラリピの設定ゾーンのイメージを掴んでいただきたい（図⑥－21〜29）。

鈴さんいわく、「最初は5通貨ペアくらいでもいいんですが、とにかく複数の通貨ペアで運用したほうが成績は安定します。世界はつながっているので、相関性の少ない通貨ペアを組み合わせれば、どれかが暴落しても、他の通貨ペアが上がったりし

図⑥-20 鈴さんのトラリピポートフォリオ

通貨ペア	売買	取引単位	仕掛けるレンジ	トラップ幅	利益幅
USD/JPY	買	1,000	75.10円〜105.00円	0.1円	700円
	売	1,000	105.10円〜135.00円	0.1円	700円
EUR/JPY	買	1,000	90.10円〜120.00円	0.1円	1,000円
	売	1,000	120.10円〜150.00円	0.1円	1,000円
AUD/JPY	買	1,000	60.10円〜85.00円	0.1円	800円
	売	1,000	85.10円〜110.00円	0.1円	800円
AUD/USD	買	1,000	0.601ドル〜0.850ドル	0.001ドル	6ドル
	売	1,000	0.851ドル〜1.100ドル	0.001ドル	6ドル
NZD/JPY	買	1,000	45.10円〜70.00円	0.1円	700円
	売	1,000	70.10円〜95.00円	0.1円	700円
NZD/USD	買	1,000	0.501ドル〜0.700ドル	0.001ドル	6ドル
	売	1,000	0.701ドル〜0.900ドル	0.001ドル	6ドル
CAD/JPY	買	1,000	70.10円〜95.00円	0.1円	700円
	売	1,000	95.10円〜120.00円	0.1円	700円
ZAR/JPY	買	10,000	6.05円〜9.00円	0.05円	1,000円
	売	―	―	―	―
MXN/JPY	買	10,000	4.80円〜6.75円	0.05円	600円
	売	―	―	―	―

※決済トレールなし

〈メインの７通貨ペア〉

図⑥-21　ドル／円のトラリピ設定ゾーン

図⑥-22　ユーロ／円のトラリピ設定ゾーン

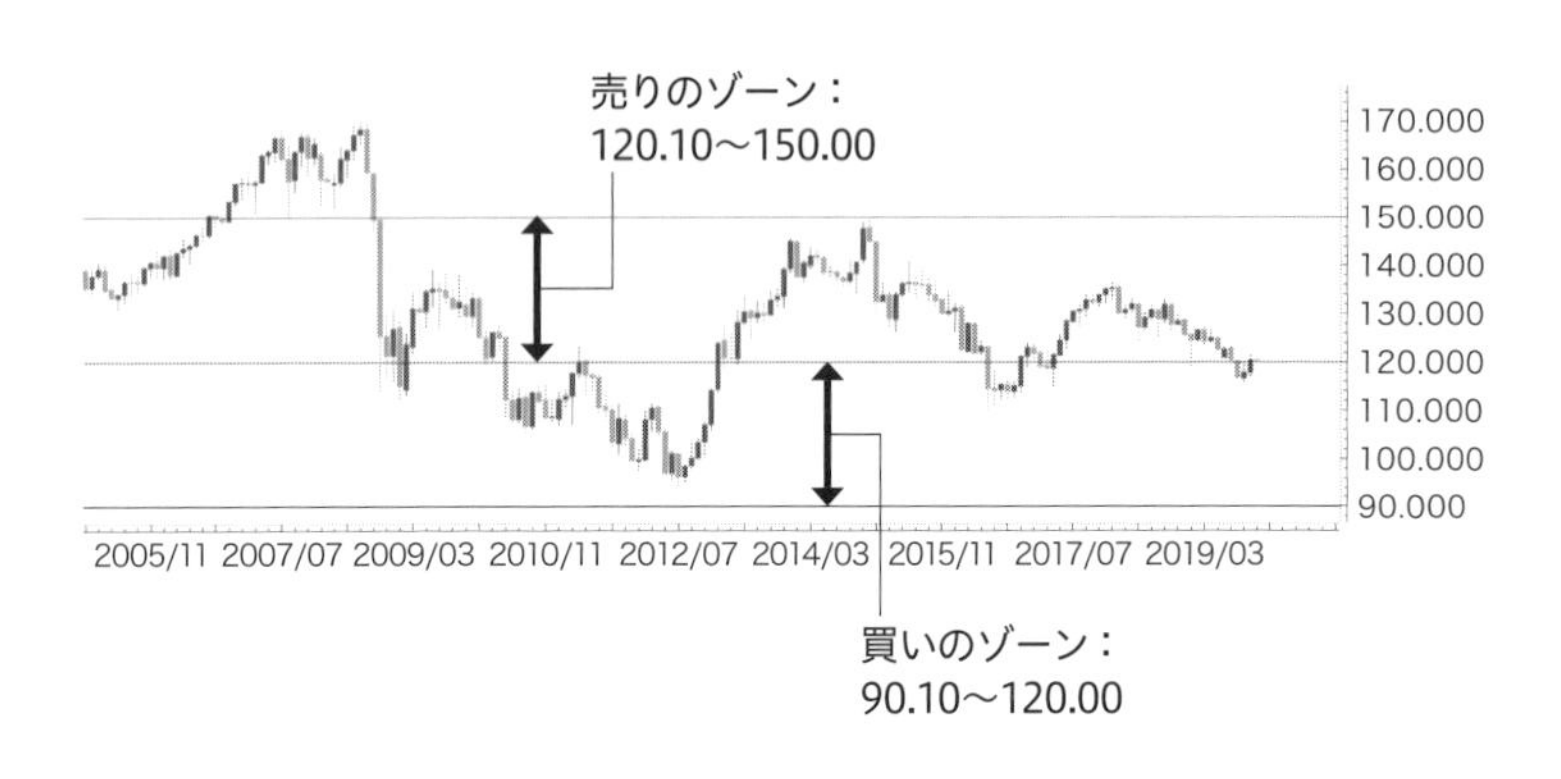

図⑥-23　豪ドル／円のトラリピ設定ゾーン

図⑥-24　NZドル／円のトラリピ設定ゾーン

図⑥-25　カナダドル／円のトラリピ設定ゾーン

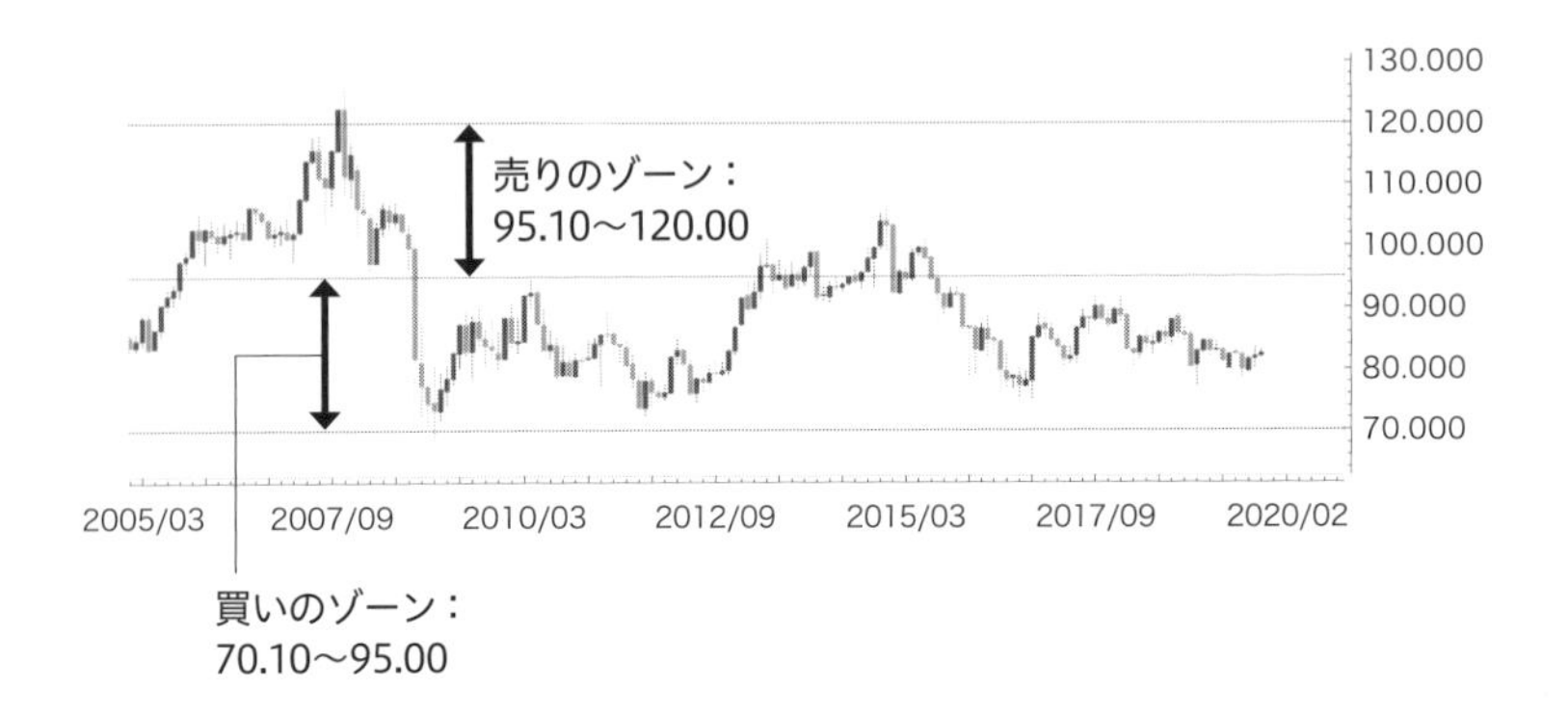

図⑥-26　豪ドル／米ドルのトラリピ設定ゾーン

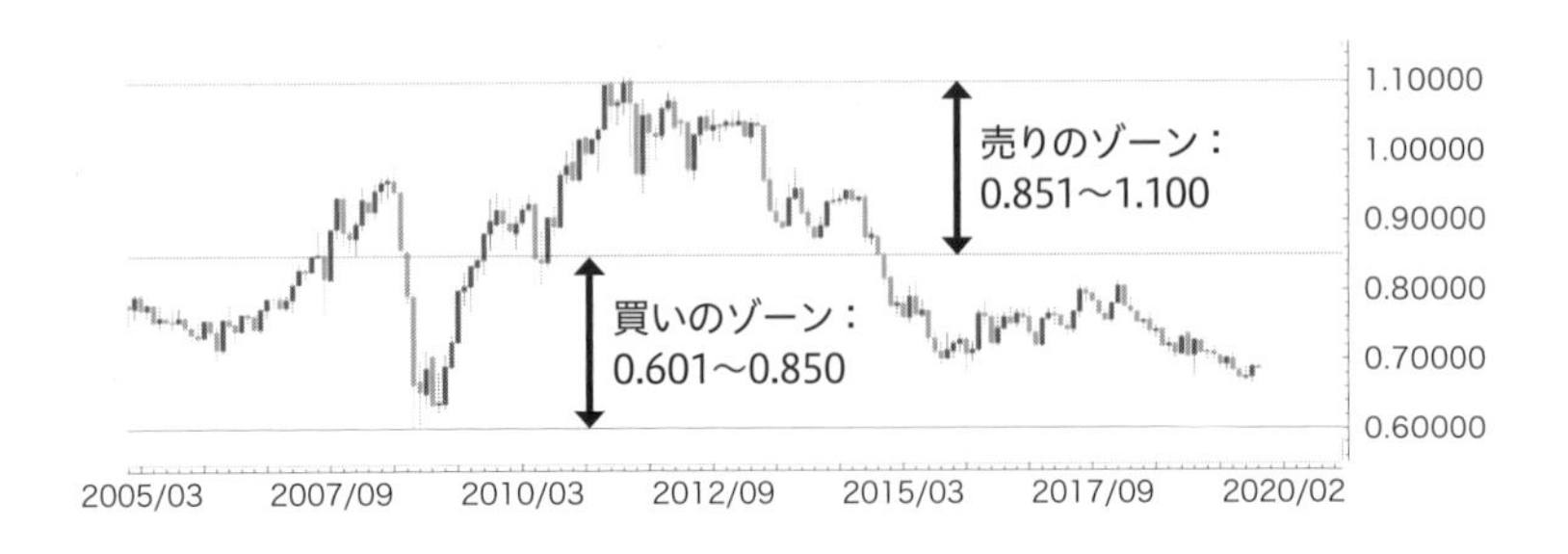

図⑥-27 NZドル／米ドルのトラリピ設定ゾーン

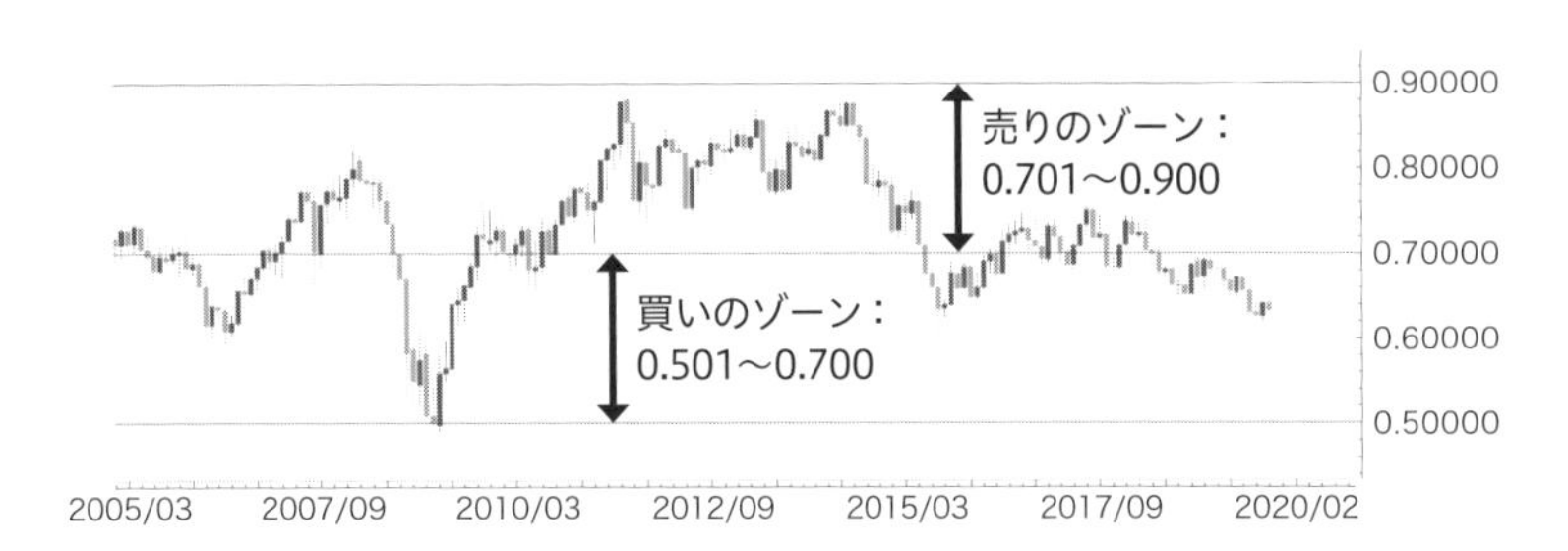

て、全滅はしにくいです」とのことだ。

少ない資金でトラリピの運用をスタートする方法 〜最初から2000万円なくてもいい〜

あっきんさん、鈴さんともに、現在は約2000万円の資金でトラリピを運用しており、年に10〜15％、月に1％前後のリターンを得ている。ただ、ほとんどの人が、最初からそこまでの大金は用意できないのではないだろうか。でも安心してほしい。もともとこの本の目的は、トラリピを通じて金の

〈サブの２通貨ペア〉

図⑥-28　南アランド／円のトラリピ設定ゾーン

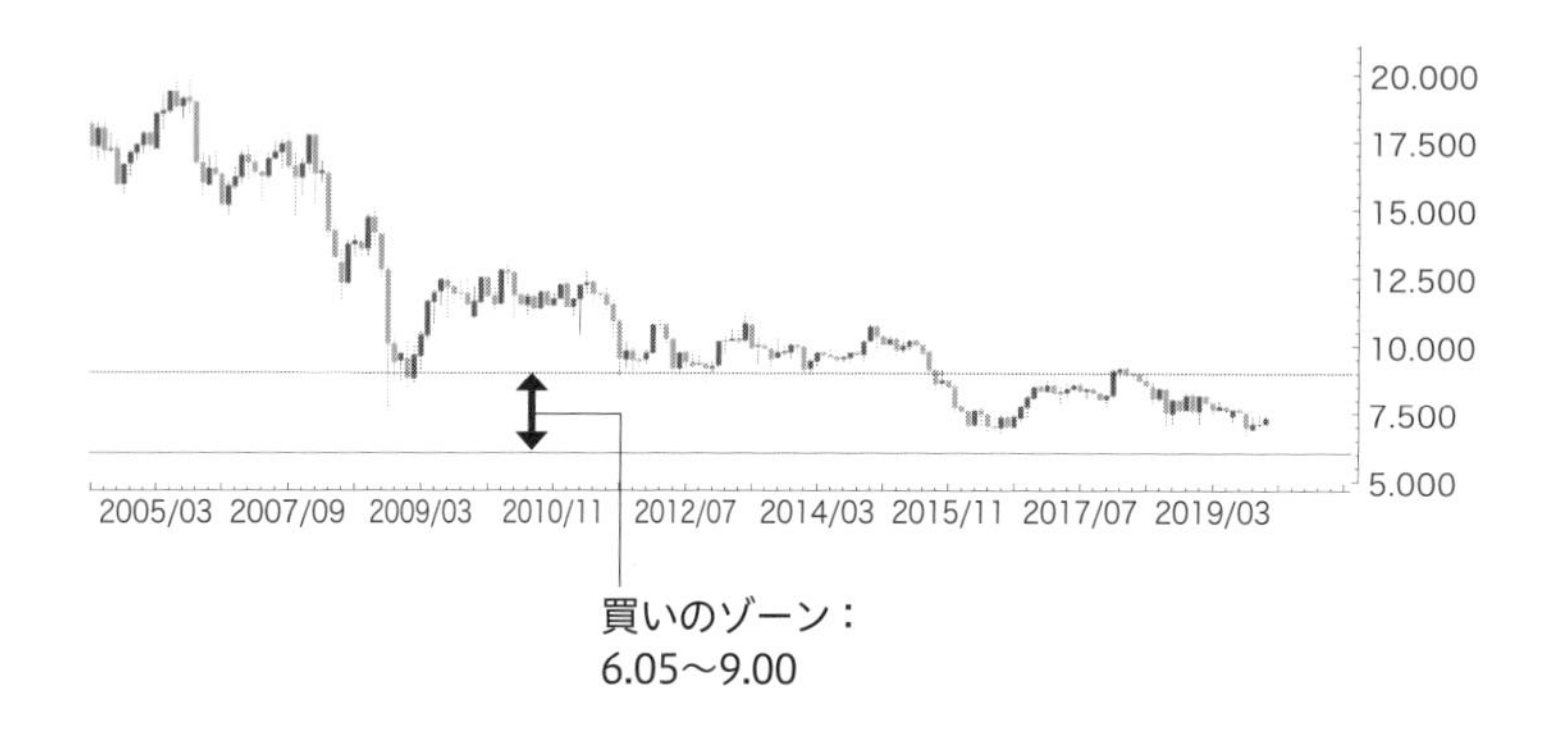

図⑥-29　メキシコペソ／円のトラリピ設定ゾーン

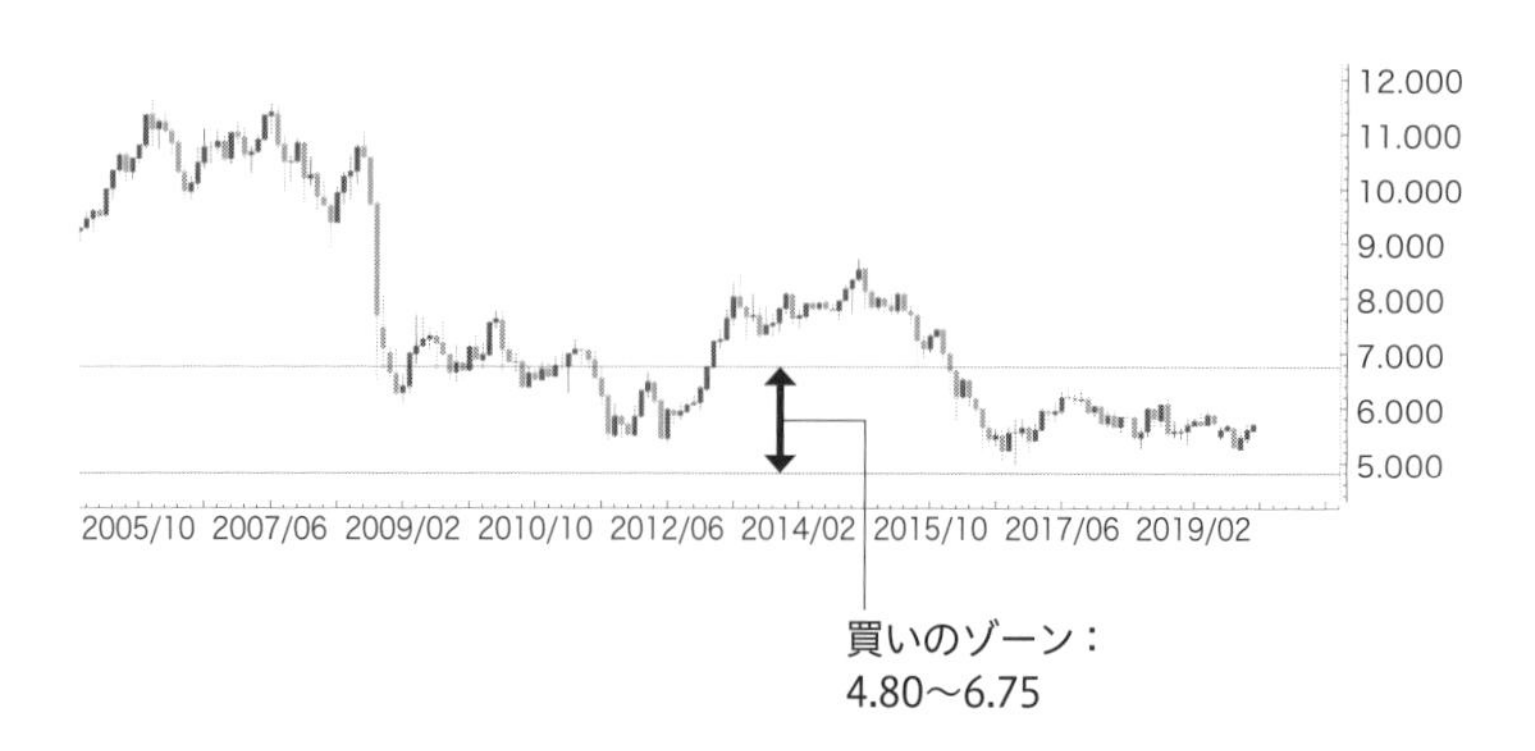

卵を産み続けるニワトリを時間をかけて育て上げること。最初から完成形でなくても、継続的な成長の先に人生を豊かにする不労所得があるのだ。

ここでは鈴さんに、少ない資金からトラリピを始める考え方と、ポジションを増やしていくテクニックを解説していただく。

「鈴」スタイル　少しずつ口座の資金を大きくしていく意識が大切

私の場合、最初は貯蓄500万円から始めて、今は2000万円にまで増えましたが、もっと少ない額からスタートしても問題ありません。トラリピを安全に回して入ってくる収益に、**労働の報酬を足して、少しずつ口座の資金を大きくしていく意識が大切**です。また、全員にお勧めはしませんが、最初のうちはある程度リスクを取って、資金を増やすスピードを優先する考え方もあります。私は500万円のときも2000万円の今も、基本的に設定は同じです。当時は早く会社を辞めたかったので、リーマン・ショック級の暴落が来ないことを祈りながら、今の4倍のリスクを取っていました。

図⑥-30　資金ごとの注文間隔

- **2,000万円：10pips間隔（鈴さんが運用中）**
- 1,000万円：20pips間隔
- 500万円：40pips間隔
- 250万円：80pips間隔

※資金が増えるごとに、狭い範囲にトラリピの注文を集中できるようになる

「鈴」スタイル　注文本数を減らして必要資金も圧縮

私の今の設定では、資金2000万円で、10pips間隔でトラリピの注文が入っています。単純にこの間隔を20pipsにすれば、資金は半分の1000万円で済みます。40pipsにすれば500万円、80pipsにすれば250万円です。

注文の間隔が開けば、それだけ約定する回数が減って利益は減りますが、相場が逆行したときの含み損も減るため、少ない資金で運用できるようになります（図⑥-30）。

図⑥-31　挟み込みのイメージ図

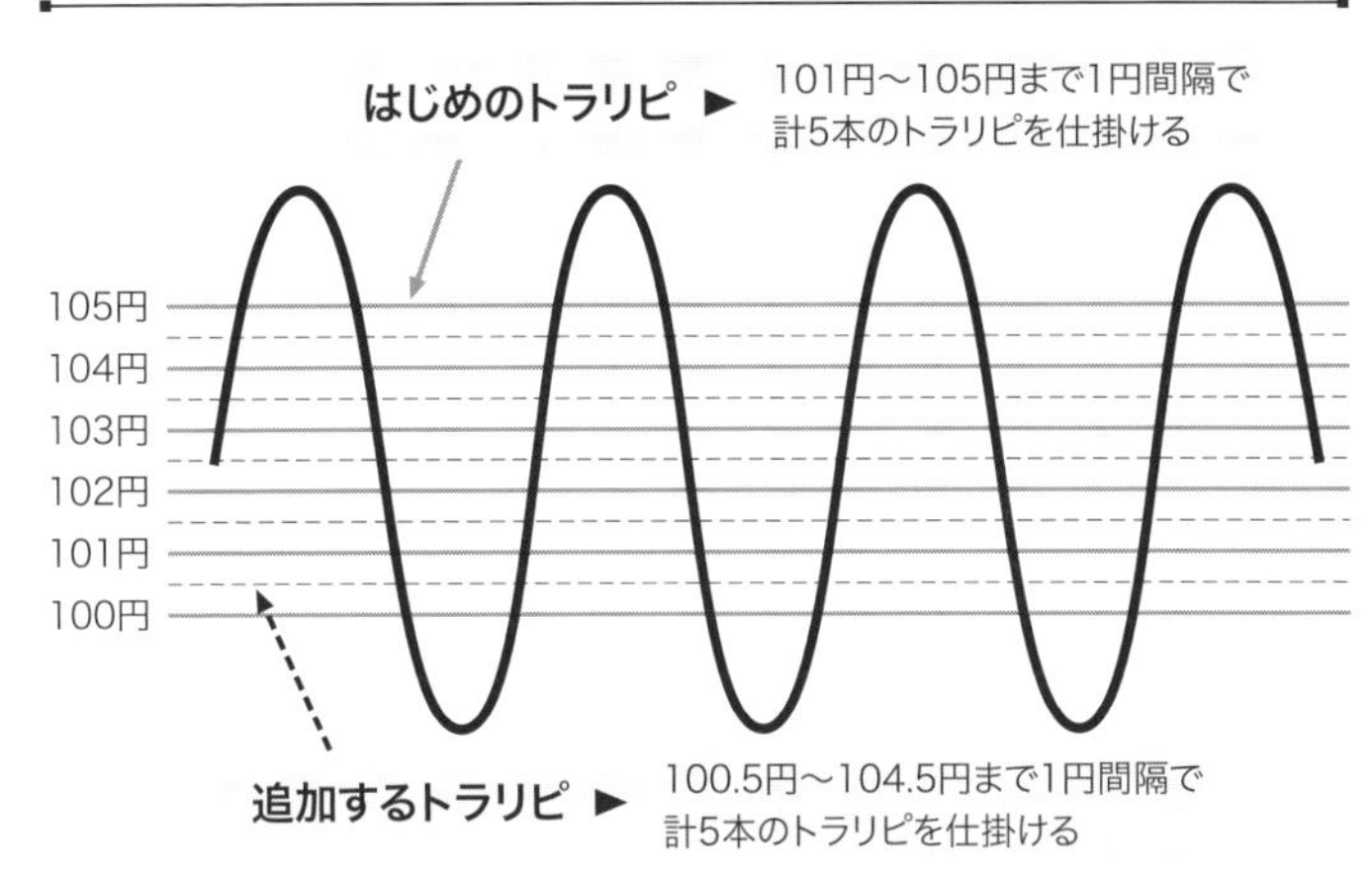

※0.5円ずらしてトラリピを仕掛けることで、既存の注文の中間にトラリピを新たに設置

「鈴」スタイル　資金が増えるたびに注文を足して、完成形に近づけていく

資金が少ないうちから、将来の完成形と同じ方向性のものを構築し、それを強化していくことでやるべきことや目標がシンプルになると思います。この場合の強化とは、リスクが低い状態を保ちながら注文本数を増やして利益率をアップさせていくこと。

注文本数の増やし方にもセオリーがあって、私はこれを「挟み込み」と呼んでいます（図⑥

－31）。

図⑥－31では最初に1円刻みで5本トラリピを設定している状態なので、「100・101・102・103・104・105」に注文が入っています。この状態で、100・5〜104・5の範囲に5本トラリピを仕掛けると、「100・5、101・5、102・5、103・5、104・5」の位置に新たにトラリピが入ります。これで、「100・5、101、101・5、102、102・5、103、103・5、104、104・5、105」と、合計10本のトラリピが等間隔に並びます。

この**等間隔に並べるというのがポイント**で、「注文本数を保ったまま取引単位を倍」にするより、**「取引単位を保ったまま注文本数を倍」にしたほうが、利益が安定**します。注文の間隔が狭いほど、小さな値動きでも新規エントリーや利益確定が発生しやすくなるためです。

少ない資金でスタートする場合でも、資金が増えるにしたがってこの挟み込みを使い、注文間隔を狭めていくことで、利益がどんどん大きくなっていきます。資金250万円で80 pips間隔スタートなら、資金が倍の500万円になった時点で、40 pips間隔にアップグレードできます。そこからさらに倍の資金1000万円になったとき、20 pips 間隔にアップグレード可能です。このように、**同じリスクを保つなら、資金が倍になるごとに注文間隔を半分にできます。**

ただこれは、運用中の通貨ペアをまとめて全部アップグレードした場合で、サブの高金利通貨ペア2種を除いた1通貨ペアずつの80 pips→40 pipsなら、35万円程度で行えます。

よりアクティブに資金追加するトッピングリピート

複利効果を素早く高める、よりアクティブな資金追加方法として、トッピングリピートというテクニックを、あっきんさんに解説していただく。

「あっきん」スタイル　1本ずつトラリピを追加して複利効果を高める

私は**1本ずつトラリピを追加する、トッピングリピート**を行っています。1本だけのトラリピ追加ですので、少しの資金でできるため、複利効果が早く現れます。

図⑥-32　トッピングリピート

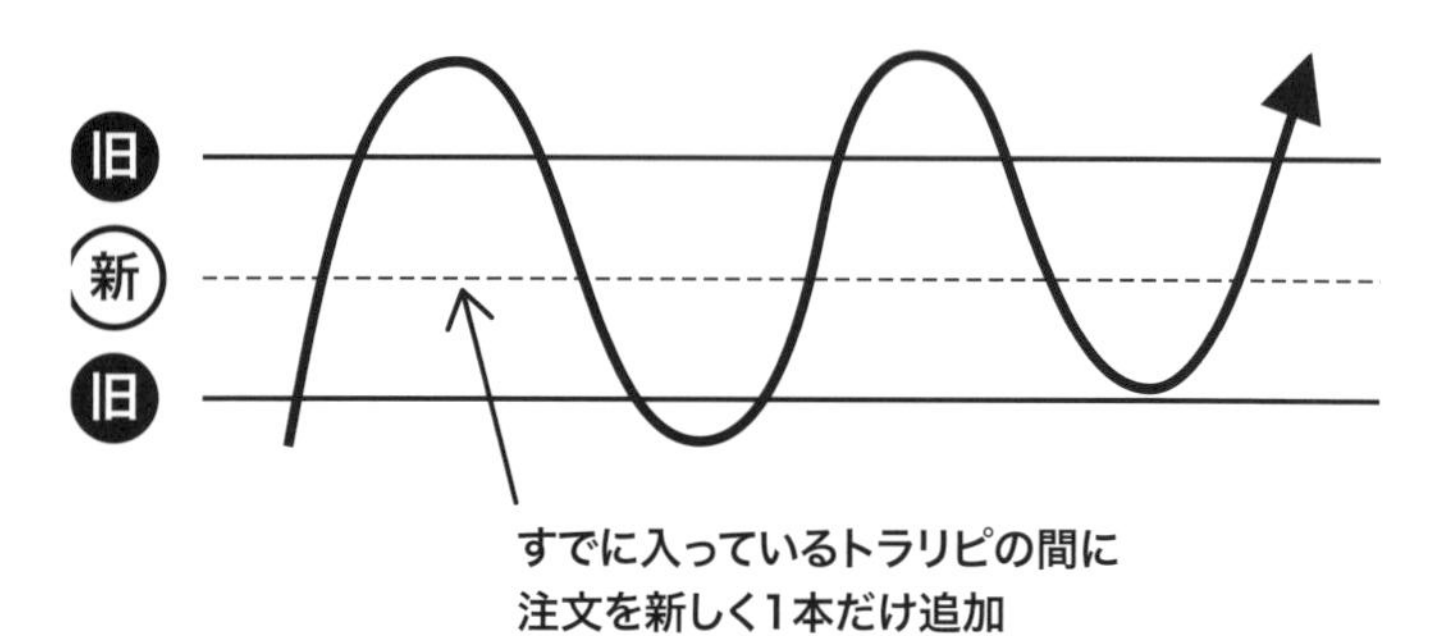

やり方は非常に簡単で、既に入っているトラリピの注文と注文の間に、1本だけ新規のトラリピを追加します。入れる場所については、今後の値動きがどうなるかは読めないため、それほど迷わなくてOK（図⑥-32）。

ただし、新たに注文を追加する分の資金追加は必須です。資金を追加しないでトラリピを足すと、その分だけ口座全体のリスクが上昇します。トラリピ運用試算表を使えば、1本のトラリピを足すのにどれくらい資金が必要か分かります。

ドル/円で資金を4万円用意し、110円に1本、1000通貨の買いのトラリピを仕掛けるとします。

　すると、強制ロスカット価格は72・917円と出ました。これはドル／円の史上最安値よりもさらに安い価格ですから、資金が4万円あれば110円にトラリピを1本追加できることが分かります（図⑥－33～35）。

図⑥-33　トラリピ運用試算表

※追加するのは1本だけなので、仕掛けるレンジ幅はピンポイントで価格を指定

図⑥-34　注文は1本だけ

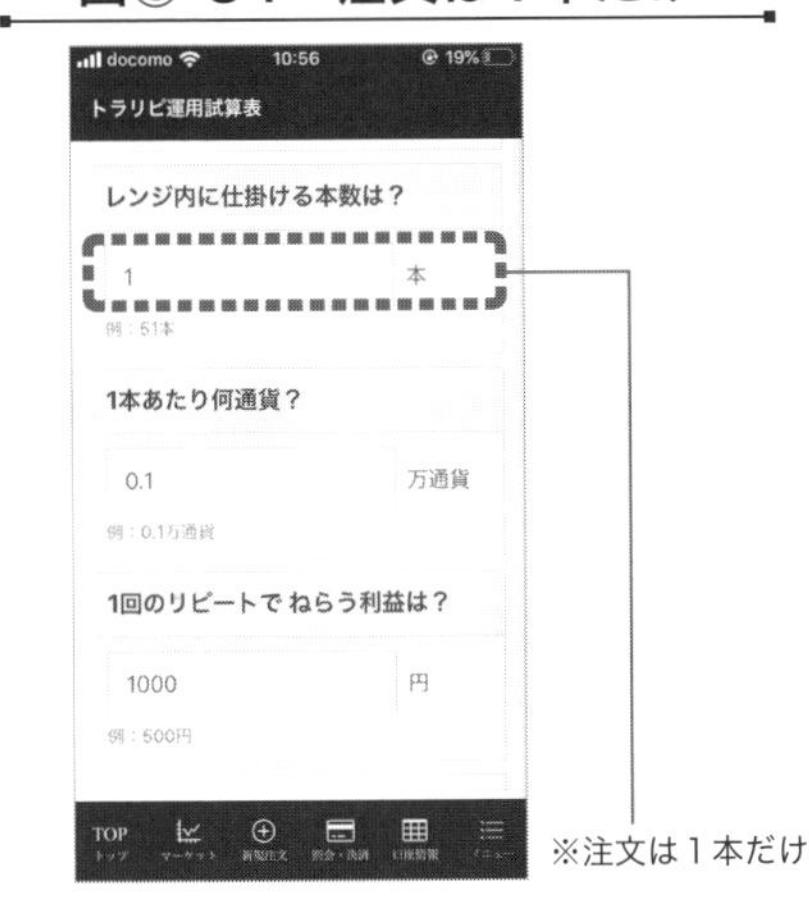

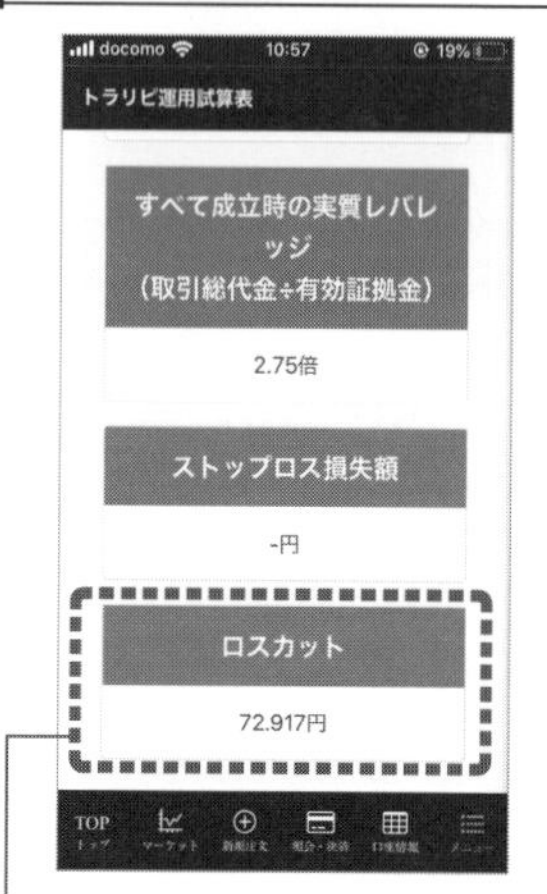

ロスカット価格が72円91銭なので、ドル／円の史上最安値75円台でも損切りにならない。

「あっきん」スタイル　すぐ機能しやすく効率的

トッピングリピートのメリットは、すぐに注文がヒットしやすい点です。今後の流れは読めなくても、現在の価格の近くに設定することで、すぐに約定して利益になりやすいです。

1本のトラリピを数万円の資金で追加できますから、トラリピで得た利益や、お仕事の給料を素早く追加運用するのに効果的です。

もし30万円でトラリピを始めるなら

小さな資金からでも、利益の再投資と労働報酬の積み立てをして、元本を少しずつ大きくすることで、最終的には生活費をまかなえるほどの不労所得を生み出してくれる装置を作り出せることを、ここまで解説してきた。

それでは30万円の資金からスタートする場合、何から始めれば良いのだろうか。こちらも、あっきんさんに解説していただいた。

「あっきん」スタイル　資金30万円のトラリピ作戦

資金30万円から始めるなら、カナダドル／円の買いトラリピが面白いんじゃないかと思います。いくつかその理由を解説します。

過去のいろいろな相場に対してトラリピを稼働させるテストをしたところ、常に高収益だったのがカナダドル／円です。

図⑥-36　カナダドル／円月足の15年チャート

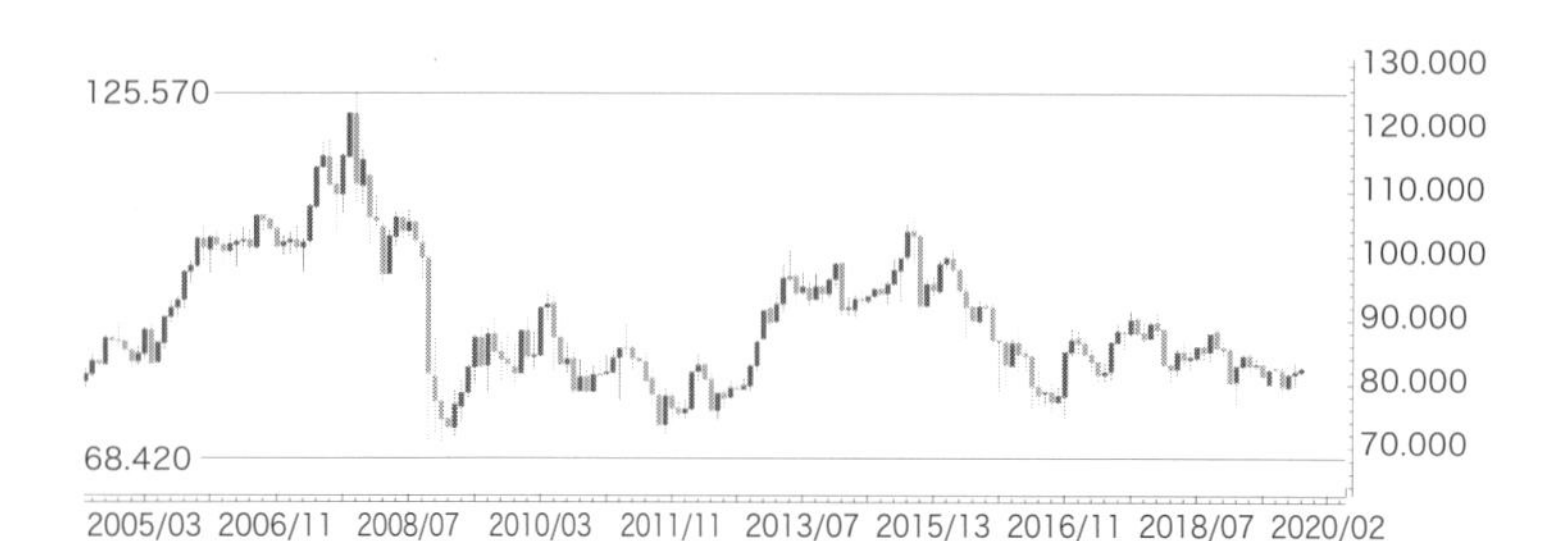

「あっきん」スタイル　最安値に近い位置に現在価格がある

カナダドル／円の２０００年以降の最安値は68円台。２０１９年11月時点の価格は82円前後で、史上最安値まで14円程度しかありません。これはつまり下降の余地が小さく、上昇の余地が大きいということなので、買い運用に適しています（図⑥-36）。

「あっきん」スタイル　カナダドル／円トラリピの設定

79～87円の範囲に、買いのトラリピ

図⑥-37　カナダドル／円初心者向けトラリピ

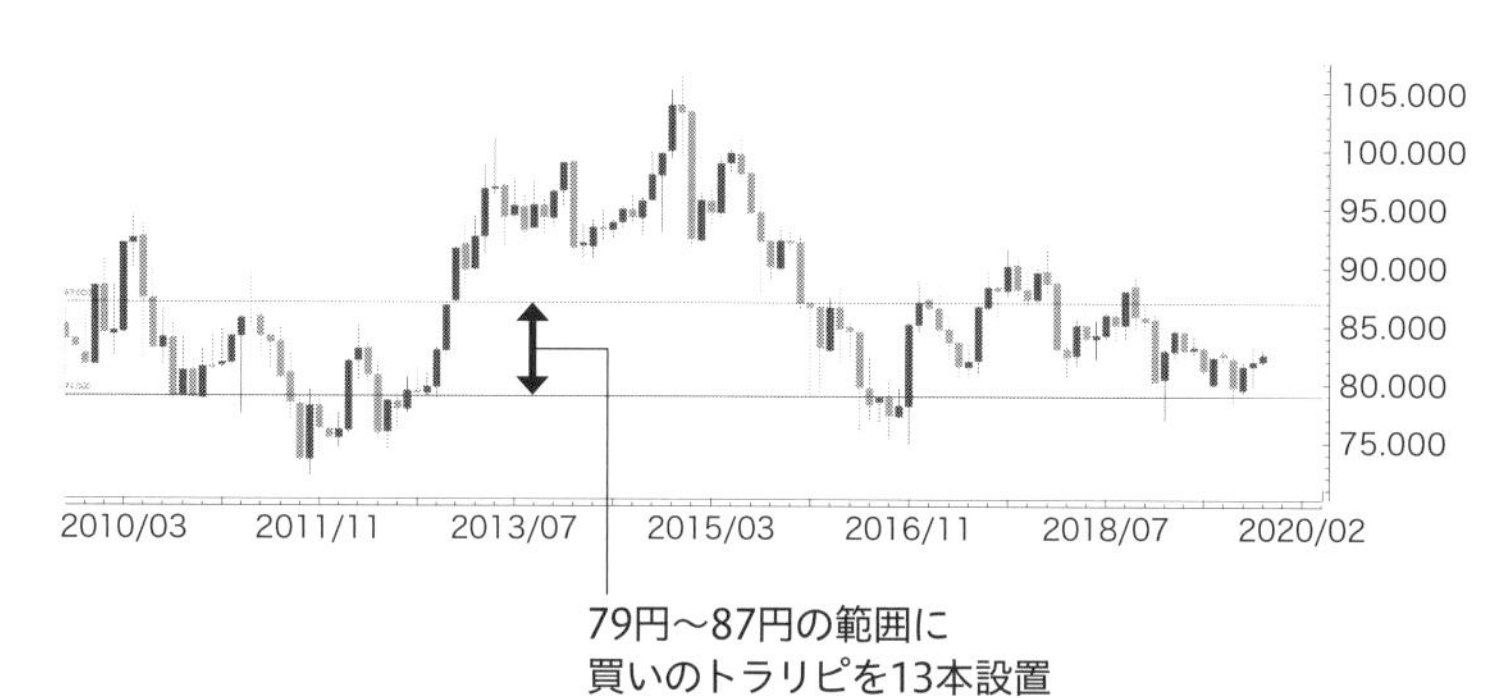

※あっきんさんが教える、30万円からできるトラリピは、カナダドル／円のこの範囲に買いのトラリピを設置する

を13本仕掛けます。取引単位は1000通貨で、利食い価格は+500円（+50 pips）です。この設定だと、68円まで下落しても強制ロスカットになりません（図⑥-37）。

このトラリピだけでは、一般的に仕事を辞められるほどのお金は稼げませんが、将来的に構築を目指す不労所得の仕組みを作る第一歩になります。また、動いている相場に対してトラリピがどのように発注を繰り返し、どのように利益が増えていくか、あるいは含み損を抱えるかのイメージが得られると思います。

最初から大きな資金を用意できない

人はもちろん、ある程度大きな資金を準備できる人でも、まずはこの小さなワンセットのトラリピで、運用自体に慣れていってください。

第7章

あっきん×鈴 トラリピ先駆者の本音対談

多くの人が思い浮かべるFXとトラリピは全くの別物

――お二人はブログやTwitterを通じて、たくさんの個人投資家と交流されていますが、どんな人からどんな感じの質問が多いですか？

鈴　私の場合は投資がメインでブログがおまけの人と、ブログを運営するために投資をしている人、その2パターンに分かれていますね。後者は、投資を紹介してブログで収入を得ることが目的ですが、最近はこういったタイプの人も多くなりました。

あっきん　私と鈴さんでは、SNSのユーザー属性が違うかもしれませんね。私の場合は「初めて投資します」という人が多くて。その中でも、意外と女性が多い印象です。

鈴　属性はかなり違うようですね（笑）。私の読者の皆さんには、女性はほとんどいなくて、男性サラリーマンが多いかなぁ。私自身が30歳くらいまでサラリーマンをやっていて、セミリタイアしています。だから、サラリーマン時代からのフォロワーさんがいて、「投資でセミリタイアしたい」という同じ境遇の人が多いと思います。

あっきん　最近だと、公務員の人からの質問や相談が多くなっていますね。妻もTw

ｉｔｔｅｒで情報発信をしているんですけど、妻には銀行員の人からの質問が多いです。夫婦で公務員と銀行員のフォロワーが増えているのは、似たような属性の人を探しているのかなと思います。

あとですね、皆さんが口を揃えて言うのは、「相談する人がいない」「ＦＸのことを話しにくい」「ＦＸって言うだけで変な目で見られそうだから話題にできない」と。

鈴　わかります（笑）。Ｔｗｉｔｔｅｒもメインのアカウントだと投資関係のことをつぶやけないから、わざわざサブのアカウントを使っている人も。以前アンケートを実施したらそういう人が多かった。

あっきん　それはＩｎｓｔａｇｒａｍも同じかも。皆さん、使い分けてますよね。プライベートなことをツイートしているアカウントで、ＦＸネタの投稿に「いいね」をしたらごちゃごちゃになるし。ＳＮＳは情報収集に便利なので、投資用アカウントを作って上手く使い分けたらいいと思います。

――やりとりされている個人投資家の皆さんの中で、ＦＸをやっていることを家族に隠している人はいますか？

鈴　「妻が許可してくれないんですけど、どうしたらいいですか？」という質問は何度かあります。ＦＸそのものがダメというより、貯金以外は問答無用でＮＧ！　な奥さんを説得するというのは……。それは誰かに相談したくなりますよね。でも老後2000万円問題が出てきてから、投資に対する抵抗感は徐々に減ってきたかもしれません。ＦＸのギャンブル的なイメージは相変わらずですけど、ここ数年でつみたてＮＩＳＡとかのハードルは下がってるかも。

——積立投資の話が出てきましたが、トラリピはある意味つみたてＮＩＳＡに近くないですか？

あっきん　そうですね。ハイリスク・ハイリターンな設定をしなければ。トラリピは一気に儲けられる仕組みではないので。

鈴　設定次第ですよね。残念な話なんですけど、トラリピの存在ってまだまだ知られていないんですよ。プライベートの知り合いでトラリピのことを知っている人に会ったことがない！

あっきん　私もそうかもしれません。

鈴　ＦＸというだけで身構えてしまって反射的に「ダメ！」ってなっちゃう人が多いです。まあ私も昔はそうだったんですが。

あっきん そもそもＦＸを知らないから、自動売買の存在も知らない。おそらくＦＸと聞くとバリバリの裁量トレーダーをイメージしちゃう。

鈴 ＦＸという大きいくくり、大カテゴリーで弾かれてしまうので、その中のトラリピがどういうものなのか、なかなか理解されないんですよね。**リーマン・ショックの頃は今より高いレバレッジでトレードできたので、大きな借金をするほど負けた人は、相当なハイレバレッジでトレードをしていた場合がほとんど**です。そのときのイメージだけが先行してしまっていて。自分でやったこともないのに、「ＦＸはヤバい」というイメージが刷り込まれている。「ＦＸってギャンブルでしょ」みたいな。

あっきん ＦＸのイメージをもっと良くしたいですよね。そういう気持ちがあるから、ブログで情報発信をしていますし、リアルでもワークショップをやったりしています。知らないのにイメージだけでダメと弾くのはもったいないですよ。実際にやってみて「これは自分に向いていないな」という判断をするのなら分かりますが。

鈴 やりたい人だけがやったらいいのかなと私は思います。ＦＸって最初の入口のところが難しいので。他の金融商品から入っていってＦＸに興味があればやってみたらよいと思います。

ただ、ガチで投資で儲けている人のほとんどは、トラリピはやらないですよ。なぜかというと、あっきんさんもたぶんそうだと思いますけど、私は**基本的に相場を読めないことを前提**でやっています。ガチでＦＸで勝っている人は、おそらく相場を読めるはずなので、そういう人たちはトラリピのことをコストがかかる非効率なＦＸと思っているはずですよ。

あっきん　あと、トラリピに出戻りするパターンも見かけます。ものすごいハイレバレッジでやって一度ロスカットになって退場したんだけど、最近トラリピが盛り上がってきているのを見て、もう一度やってみようか、みたいな。

鈴　あっきんさんのように、リーマン・ショックより前からずっと続けているって人はほとんど見かけないです。トラリピには、勝ち方がいくつかありますよね。仕掛ける範囲を広げて放置するパターンと、ある程度範囲を予想してその中で動かすパターン。後者のように狭い範囲でトラリピをしていると、暴落が来たらロスカットになります。それが良いか悪いかはさておき、そのやり方で勝てる人は裁量トレードをやったらいいんですよ。**相場を読める、トレーダー目線の人はトラリピじゃなくていい**んです。

あっきん　鈴さんの中では、トレーダーと投資家は別物って考え方ですか？

鈴　トレーダーは、労働しているみたいなイメージですね。チャートに張り付いていないと勝てない。でも投資家は、株とか不動産を買っても相場に張り付いているわけではないですから、**稼ぎ方への考え方が違います**。おそらく、FXに対して世間一般の人が思い浮かべるのはトレーダーなのでしょうね。

最も効率が良い通貨ペアになぜ一点集中しないのか

――トラリピをする上で得意な通貨ペア、不得意な通貨ペアはありますか。好き嫌いでも構いません。

鈴　ないですね。

あっきん　鈴さんはメジャーな通貨ペアをほぼ全部一緒に運用しているから（笑）。

鈴　あっきんさんは4通貨ペアでしたっけ。過去の値動きのシミュレーションで、4通貨ペアくらいでも変わらないから絞ったんですか？

あっきん　そうですね。あとはブログやTwitterの読者さんから「少額でやりたいので絞ってほしい」ってけっこう言われてきていて、じゃあ削れるのはどれかなって探していたんです。ちなみに好きなのはカナダドル／円。これにドルストレート（米ドルが絡んだ通貨ペア）を組み合わせるとなると……、ＮＺドル／米ドル、豪ドル／米ドルかなって。ただ、２０１９年後半にはドルストレートがダラダラと下がり続けているので、思っていたイメージと違ってきていますけど。

鈴　この10年は通用した通貨ペアであっても、次の10年は分からないです。私は予想をしないので、全部の通貨ペアでやっています。

――素朴な疑問なのですが、一番良い通貨ペアに集中投下すれば良いのではと考えてしまうのですが。

鈴　トラリピはずっと運用し続けるのが私の基本のスタンス。そしてレンジ相場でしか運用しないので、**今運用している通貨ペアがずっとレンジになっているかが重要**です。５年後は大丈夫だろうけど、30年後はどうだろうって考えます。たとえば、豪ドルに元気がなくなっていき、今まで円やドルに対してレンジだったのが、一方的に下落してしまうような可能性もあります。そんなときに３通貨ペアしか運用していなくて、１通貨ペアが使えなくなったらダメージは33％。でも10通貨ペアを運用していたらダメージは10％で済みます。**通貨ペアは国同士の綱引き**なので、どこかの通貨が上がればどこかの通貨が下がる。だからなるべく多くの通貨ペアを運用して、新しい通貨ペアが出てきたらダメなものと入れ替えていきます。

でもこれは、あっきんさんと違うところかな。あっきんさんが通貨ペアを絞っているのはどういう考えからきているんですか？

あっきん 私の場合は毎月入金しているので、場合によっては運用する通貨ペアを足すイメージ。基本は4通貨ペアで運用していて、長期的な衰退でレンジから外れる通貨ペアがあれば、鈴さんと同じようにストップして、そのときに良い通貨ペアを代わりに入れればいいかなって。通貨ペアをたくさん運用すると資金がそれなりにいるので、特にまだトラリピに慣れていない人は、ある程度は絞って始めて、運用に慣れてきたら増やしていくのがいいかなと思っています。

鈴 はじめからドバーッとやっちゃう私と、うまく入れ替えながら運用しているあっきんさんとの違いですね（笑）。

あっきん たぶん、いつの間にか鈴さんを意識していて。同じことをやっても芸がなさすぎるかなって（笑）。鈴さんはたくさんの通貨ペアで運用しているから平均点は

図⑦-1　ポンド／円月足チャート（2000〜2019年）

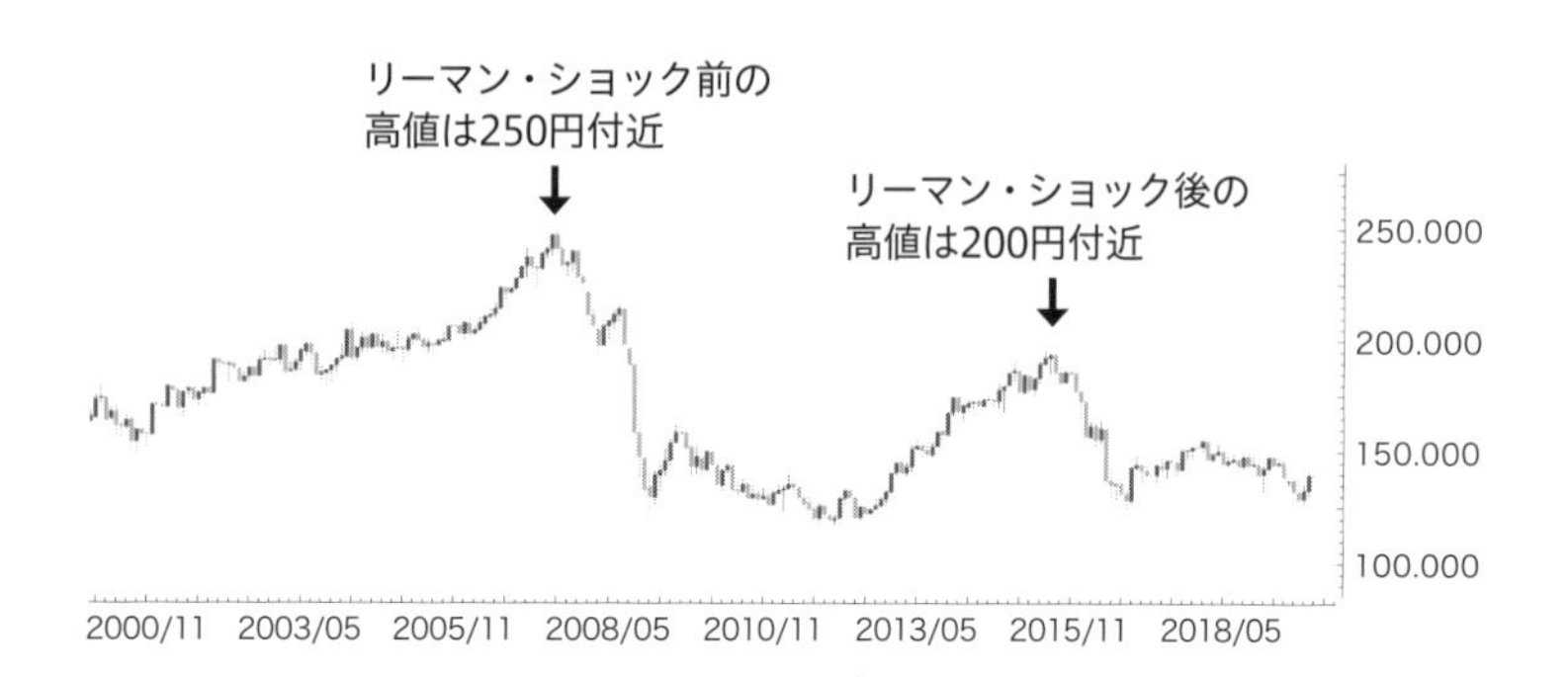

取れますよね。

鈴　私はすごく勝つことはないけれど、すごく負けることもないんです。

あっきん　それがメリットなんですよね。

鈴　細かく替えるのが面倒臭い性格なので、10年ほったらかしの運用が理想です。ただ、ポンド／円とユーロ／ドルは、レンジがよく分からないので手を出していません。ポンド／円は数年単位で見るとレンジなんですけど、リーマン・ショック以前の水準だと、最高値は２００円なのか２５０円なのか……（図⑦－１）。

私は相場の予想をしないので、一つ

前の大暴騰や大暴落は意識するようにしています。そうなると、リーマン・ショックの前年は250円付近。私のセオリーだとここをレンジに入れますが、じゃあ250円まで行くかと言われると行かないと思っています。トラリピにはたくさんの通貨ペアがあるので、勝率が低いですとか、分析したけどよくわからない通貨ペアは選ばなくていいかなと思っています。将来、10年後に見たときに100円から200円くらいのレンジになっていたら検討すればいいかなと。

あっきん　私も、ポンド/円は鈴さんと同じ考え方ですね。長期間バック・テストをした結果、ポンド/円はレンジの値幅が広いのでパフォーマンスが良くない。資金がたくさん必要になってきます。

鈴　ポンド/円はよく殺人通貨と言われて、すごく動いているイメージなんですけど、年単位の変動率で見るとそれほど動いていないんですよね。瞬間的には動くんですけど。

ポンド絡み以外ですと、レンジ相場になっていない通貨ペアはアウトです。だから、トルコリラ/円はアウト。南アランド/円とメキシコペソ/円もあまりお勧めできない。メキシコは先進国に近いイメージがあって、うまくいけばこのままドルや円などの先進国通貨とレンジになるかもって思いますが、あえて今すぐ勝負する必要はないですかね。

――トラリピ入門者は、とりあえずドル／円から始める人も多いと思いますが、ドルストレートの通貨ペアに慣れるコツってありますか？

鈴　あっきん　（二人声を揃えて）ドルストレートはわかりづらい（笑）。

鈴　設定を組むときも、0・001みたいに単位がわかりづらかった……。

あっきん　そんな人たちのために、基本が身につく講座として、「トラリピ30万チャレンジ」をブログで公開しています。設定もパフォーマンスもすべて公開しているので、それを見ていただければ大丈夫かな。

鈴　私はいまだに慣れていない（笑）。ドルストレートの通貨ペアを発注するときはしっかり確認します。年単位で設定をいじっていないので、久しぶりに設定し直す場合には、「これで桁（けた）は合ってるかな？」みたいにしっかりやります。

あっきん　でも、マイナススワップが死ぬほど嫌っていう人は、クロス円だけでもいいかもしれません。暴落時に一番動きやすいのがクロス円なので、ロスカットのレートはしっかり下げておいて。リスクをコントロールできるならクロス円だけでもいいと思いますよ。

リーマン・ショックから暴落の怖さを学ぶ

――トラリピの失敗談はありますか？　「魔が差してしまってとんでもないことをした」のような。

鈴　トルコリラを運用したことがあります。

あっきん　今さっき「アウト」って言っていたトルコリラが出た（笑）。それは昔の設定の話ですよね。

鈴　今ほどレンジへの考え方が定まってなくて、ほぼすべての通貨ペアを運用していました。トルコリラも積立（一定期間ごとに買いポジションを追加）は無理でも、買って売っての売買ならスワップポイントも入ってくるから「いけるだろう」と思ってしまいました。完全にスワップに釣られました（笑）。今はトラリピがスワップを狙う仕組みではないことは分かっていますが、あのときはよく分かっていなくてやってしまいましたね。

あっきん　それって途中で止めた運用ですよね。損切りするのに悩みました？

鈴　2018年の5月に損切りしました。損切りしないといけないことは分かっていたけれど、できずにしばらく放っておいたんです。

迷っていた理由は、資金を減らしたくなかったから。トラリピの口座資金が、あともう少しで会社を辞められるってくらいのところまできていたんですね。だけど、ここで含み損の250万円を損切りすると、会社を辞められるタイミングが遠のいてしまう。

ただ、レンジ相場になっていないトルコリラ／円を抱えたままセミリタイアはできないと、本当に会社を辞められるタイミングになってやっと損切りの決断をしました。

損切りできて良かったですよ。早く切っておくのが正解でした。100万円の決済益とスワップポイントがあって、250万円の含み損があってマイナス150万円でした。

あっきん　鈴さんのその経験は良い失敗だと思いますよ。通貨ペアを分散して運用しているので、トルコリラ／円を切っても他があるから大丈夫。実際、トルコリラ／円1本の人もいますし。分散するのはやっぱり大きなメリットですよ。それを証明しています。

鈴　他の通貨ペアの利益があるから、それでも２０１８年の収支はプラスなんです。トルコリラ／円のような、最初からレンジになっていない通貨を選んでしまったけど、運用開始時にレンジ相場になっている通貨ペアなら、10年くらいずっとレンジで、それから10年後にトレンド相場に移行しても大丈夫です。それまでにちゃんと稼いでいれば、1年くらいのマイナスと10年分のプラスでは、10年分のプラスのほうが大きいので。イメージ的には年10％の利回りで10年後に元本回収が完了します。こうなったら、レンジが終わったり、通貨が極端に弱くなったりしたため決済しても問題ありません。**切る経験をしたことで、「これはレンジの中に戻ってこない」と判断したら、すぐ損切りする決断ができるようになりました。**あっきんさんは何かそういうエピソードはないですか？

あっきん　トラリピに限らず、資金を分散して運用しているから、大きい失敗はないですね。私は資産運用の前提として、リスクは負わない。早い段階で運用を始めているから、ゆっくり増やせばよいことを理解しています。だから、やんちゃなことはしていませんね。

鈴　私は初期のスワップ運用で400万円失っています。運用資金5000万円で400万円マイナスだから全資産の8割。それと、トラリピとは別の自動売買だったんですけど、数年前にドル／円が123円くらいまで上がっていたときに、もう下がると思って売りの設定で始めて。結局我慢できなくなって損切りしたんですけど、そこから下がっていきました（笑）。

私のように早急に結果を求めるパターンもあると思うんですけど、どうやったらあっきんさんみたいに焦らずにやる、そんな心持ちになれますか？

あっきん　鈴さんと私との差があるとすれば、仕事を辞めたい度合いですね。辞めたい気持ちはありましたが、何年以内に絶対に辞めるというところまではなかった。ロスカットになって資金を減らしてしまうほうが嫌だからです。結局10年以上勤務していました。

鈴　なるほど。逆に当時の私は投資をやろうという気がなくて、すぐに会社を辞めたいからFXに行きました。会社をすぐに辞められるお金を貯めるためにはコツコツでは無理だと思い、ハイリスク運用をしました。その結果負け続けて、しかも一回の負け額が大きくて。自分のシナリオ通りに相場が動いてくれたら、会社を辞められるタイミングが早く来るから、強引に利益率を上げていくんですね。でも、トレンドが変わったらすぐに負けてしまう。

あっきん　私は最初に手動のトラリピみたいなことを始めていて、トラリピの存在を知らなかったんです。リーマン・ショックより前にドル／円の買いで始めていたから、大暴落のときに含み損が一気に増える怖さを経験しています。120円くらいから1年以上かけてどんどん下がっていくのを見ているから、「暴落は怖い」という気持ちがいつもあります。だから**ロスカットにならないように、ローリスクがいい**って思っています。

鈴　完全にあっきんさんが正しいですね。私は会社を辞めたくて仕方がなくて我慢できなかった。心の余裕がないときにやるのはダメ。しんどいときに始めると自制できなくなる。私の場合は少しでも早く辞めたい気持ちが勝ってハイレバレッジになりました。仕事が落ち着いているときに自分の投資スタイルを振り返ると、トルコリラが3円下がるとロスカットになる運用をしていることに気づき、「そりゃ勝てるわけないよな」と言いたくなりました。私が投資で利益を出せるようになったのは、仕事に慣れてきて心に余裕が生まれたことが大きいです。

資金100万円の人はどう始めるべき？

――昔の鈴さんのように焦っている人に対して、長期的に資産を作るためのアドバイスをお願いします。

あっきん リーマン・ショックで生き延びることができたのは、30万円の少額で始めて、必要に応じて入金していたから。含み損は増えていったけど、時間をかけて毎月入金していると維持率が回復するので、暴落にも耐えることができた。**最初は少額から始めて、相場と向き合いながら資金を足していく**、積立投資のようなイメージで運用したほうがリスクは抑えられる。それが生き延びられた一つの要因です。**毎月ポジションを増やしていくやり方は、安値を拾うチャンス**もあります。暴落はいつか来るので、そのとき受けるダメージを少なくして、チャンスを摑むためにある程度時間を置きながら追加入金していくやり方は一つの手だと思います。

鈴 **まずルールを決める。** そのルールを自分の精神状態で都合よく変えないこと。「もっといけるだろう」と思ってハイリスクにすると破綻するので、基本的にはメンタルが落ち着いているときに正しいルールを決めて、あとはそれに従っていく。**利益**

よりもリスクを見て運用していくことです。

相場はコントロールできません。私のトラリピでいうと、全く同じ設定なのに２０１６年と２０１８年では利益が3～4倍違いました。２０１６年の米大統領選挙やブレグジットの時期は、１カ月で１２０万円くらいの利益。でも最近では、１カ月に８万円しか入ってこないこともあります。設定が同じなのに10倍以上違うんです。これは個人投資家がコントロールできることではないので、リスクを想定して設定するんです。**もし「○○円欲しい」と今以上の利益を求めるのであれば、設定を変えるのではなく、資金量を変えてほしい**です。

ここ2～3年は、全体的にどの通貨ペアも狭い範囲で値動きしています。**狭いレンジに細かく仕掛けて稼ぐことも確かにできます。でも、それをやってしまうと相場を予想していることになる**んです。そろそろトレンドが切り替わりそうだから運用を止めようという予想ならいいんですが、都合よく相場を予想してしまうと、２０１９年1月のフラッシュクラッシュみたいな、小さな暴落でも退場することになってしまいます。

あっきん　あの程度の変動で退場するような設定ならトラリピ向きではないですよね。

鈴　長期的な運用ではないですよね。**10年運用するのであれば10年分の値動きは見ておかないと。**3カ月の運用だと、フラッシュクラッシュに耐えられる設定にはならないから退場も必然だと思います。長期的な資産形成を目指すなら、**自分が想定している年数分のレンジは見ておきたい**です。一つ前の大暴落に耐えるつもりかどうか。大暴落が起きたら諦(あきら)める前提の設定ならリーマン・ショックは無視ですけど、相場を読めない人が長期運用するのだから、大暴落くらいは耐えられる設定にしましょう。

――運用資金が１００万円の人が、今からトラリピを始めるならどういう設定がよいでしょうか。

鈴　8～9通貨ペアとまではいかなくても、**いくつかの通貨ペアに分散するのが基本**。私なら資金が増えるたびに通貨ペア数を増やします。１００万円だから少しリスクを取った3通貨ペアか4通貨ペアを回すとして、毎月資金を足していって資金が30万円くらい増えたら4つ目、５つ目を作っていく。通貨ペア数を十分増やしたら、次に注文本数を増やしていきます。１通貨ペア80 pips間隔なのを40 pips間隔に。それを違う通貨ペアにもやっていきます。

あっきん　私は、もう少し通貨ペアを絞ります。３～4通貨ペアは運用することにして、資金が増えるたびにトッピングリピートでトラップ本数を増やしていきます。ブログで公開している「トラリピ30万チャレンジ」では、資金2万円分ずつ増やしていますね。

鈴 ブログ読者の方から、「あっきんさんのようなトッピングリピートはやらないいんですか？」と聞かれるんですが、ロスカットレートの計算が面倒なんですよ（笑）。私は9通貨運用しているから分からなくなってしまうので、全部80 pips、40 pips、20 pipsというように管理しやすい間隔にしています。

鼻息が荒すぎる人はトラリピで失敗しやすい

――トラリピで成功するために一番大切なことってなんでしょうか？

あっきん トラリピはロスカットにさえならなければ、相場がレンジ内で動くだけ口座残高は増えます。**ロスカットにならないことが大事**なので、**トラリピ運用試算表を使って、自分の設定だとどこでロスカットになるかをきちんと理解すること**です。（たとえば、買いトラリピで）10年運用するなら過去10年くらいのチャートを見て、ロスカットのラインを最安値よりも下にしましょう。これさえできていれば、理論上ロスカットは防げます。

鈴　自分のやりたいことがトラリピで実現できるかを知ることです。たとえば1年間で資金を倍にしたい人にはトラリピは適していません。長期でコツコツ増やしていく運用スタイルを目指しているならトラリピは合っています。トラリピは運用途中で出金しづらい仕組みになっているし、ドカンと一発で増やすのではなく、複利で増やしていくのが基本です。自分がお金をどうやって増やしていきたいのかと、どうなりたいのかをしっかり考えておくのが大事ですね。

多少リスクを取ってもいいから、3年で資金を5倍にしたいという人がたまにいるんです。はっきり言って、トラリピで実現するのは不可能でしょう。100万円を500万円にしたいとなると、超ハイリスクな設定になってしまいます。**年利20%以上を求めるなら長期運用のトラリピは厳しい**と思います。リーマン・ショックのときは100%を超えたんですけど、そんなケースは毎年起こらないですし、相場は動く年と動かない年がありますから、平均すると十数%に落ち着きます。世界一の投資家であるウォーレン・バフェットが20%くらいの運用成績ですから、そこが利回りの頂点だと考えてもらえればよいかと。「バフェットを超えてみせるぜ」というなら構いませんが、現実的にそれは難しいと思います。**年利10〜15％がトラリピで現実的に目指せる利回り**でしょう。

あっきん　そのような商品であることを分かった上で、自分に合っていると思えてから、トラリピを始めるとよいです。逆に年利３％、５％で十分です、という場合はどうでしょうか。

鈴　必ずしもトラリピじゃなくてもいいかもしれませんね。リスクを下げれば年の利回り３％はいけますけど、そのレベルを目指すのであれば、もっとリスクの低い商品を検討してもよいのかなと。30歳くらいの読者の人から「老後資産を積立したいんだけど、どういう設定がいいですか」という質問をいただいたことがあるのですが、30歳の時点から老後資産を考えるなら、トラリピではなくつみたてＮＩＳＡやｉＤｅＣｏで十分です。トラリピはきちんと勉強しないとダメだけど、そっちはそこまで難しくないですから。ただ、セミリタイアしたい人にはトラリピを勧めます。ｉＤｅＣｏは60歳を過ぎないと出金できませんし、年間40万円までしか投資できないつみたてＮＩＳＡでは、セミリタイアするのは無理なので。

短期でドカンと勝ちたい、2年で倍にしたい、という考えだとトラリピでは失敗しやすいですね。あと、ちょっとでも含み損があるのが嫌な人も。私とあっきんさんはトラリピが性に合っていたんです。自分の将来設計がトラリピと合っているかが成功するために大切なことだと思います。

CFDをトラリピで行うメリットは？

――トラリピはFXのほかにCFDでも利用できるそうですが。

あっきん トラリピは、注文ツールなので、FX以外のどんな商品でも適用できると思います。マネースクエアが株や仮想通貨を商品ラインナップに加えたら、やはりトラリピで取引できるようになるでしょうね。

鈴 ただ、トラリピに向いている銘柄と、そうでないものがあります。FXであれば、レンジ相場になっている通貨ペアが合っているし、一方的な上昇トレンド、下降トレンドが発生している通貨は合わない。

あっきん その通りです。だから、どんな商品であっても、その銘柄のトレンドが重要。CFD、たとえば、株価指数CFDの中で、トラリピと相性がよさそうなのは、やはり日経225でしょうね。NYダウなどと比べると、ずっとレンジ相場であるように見えます。NYダウだったら、トラリピより、右肩上がりの上昇を期待して、積み立て投資などが有効に感じます。

鈴 他の通貨ペアとは異なる値動きをする資産として、日経225の株価指数CFDをトラリピで持つのは、リスク分散になりますね。

あっきん FXの経験がない人は、よく知っている日経225の株価指数CFDあたりでトラリピを始めるのもありかもしれません。ただ、取引に必要な証拠金がFXよりも多く必要になるので、資金管理には気を付けたいですね。FXの感覚でトラリピ注文を増やしてしまうと、あっという間にロスカットになってしまいます。

鈴 株価指数のほかに、VIX指数（恐怖指数）や仮想通貨でもトラリピが使えたら、資産運用が面白くなりそうです。

サラリーマンなのになぜ投資をしないのか不思議

あっきん　私は23歳から今のやり方で運用していたのですが、若いときに思ったのは、**このやり方は投資に時間が取られないということ。**本格的な裁量トレードをしたいなら相場を見続けないとダメですよね。株式投資だって個別銘柄を買うとなると勉強が必要で、『会社四季報』を見て値上がりしそうな銘柄を探せるようになるだけのインプットをし続けないといけません。若い頃の時間はとっても大切なんですよ(笑)。投資の勉強をするのも悪くはないですけど、自己投資したり、稼いだお金で遊んだり、他にもやることはいろいろある。そんなとき、時間をほぼ取られないのに、資産を増やしていけるのがトラリピのメリットだと思います。「もっと投資が上手くなりたい」と自分の時間を投資の勉強に割く人もいるかもしれませんが、ほとんどの人は時間をかけてまで投資が上手くなりたいとは考えていませんよね。トラリピはそういう人たちに合う商品なのかな。もちろん、若い人がＦＸ含め投資に興味を持つことはよいことだと思いますよ。

鈴　若いうちに、今後どう生きていきたいかを考えておくとよいですね。投資で一回失敗したら終わりみたいな風潮もありますけど、そうでもありません。資産を全部失ってしまっても、意外とどうにかなるもんです。だから投資に挑戦してみたらいいと思います。私も最初に資産のほとんどを溶かしています（笑）。

ただ、働き方と投資の両方でリスクを考えておいたほうがよいです。サラリーマンは毎月常に一定の収入があるので、投資でいうと元本保証みたいなところがある。日本だと自分から辞めない限り仕事を失うことは少ないので、少しくらいリスクを取った投資をしてもよいです。

逆に、病気になって働けないと収入がゼロになるような不安定な仕事の人は、ハイリスクな運用をして資産を全部失ってしまうと困るので、気をつけなくてはいけません。

あっきん 仕事がある人はFXをやったらよいと思うんですよね。はるか昔は、私もFXに対して少し怖いイメージを持っていましたけど、働いているから毎月給料が入ってくるわけだし、投資資金が溶けたところでという考えだったから、なんでみんな投資しないんだろうって疑問でした。「仕事辞めたい」みたいなことをみんな言っているのに、なぜそのための行動は起こさないのかなって。

鈴　同僚と飲むと「仕事辞めたい」トークは絶対に出てくる（笑）。でもその同僚に具体的にどうするのかを聞いてみても考えている人はいません。会社でバリバリ働きたい人もいるし、人それぞれなんですけど、セミリタイアしたい、働く時間を減らしていきたいと考えている人たちには「サラリーマンで安定した稼ぎがあるなら大丈夫だよ。言うほど投資は危険じゃないよ」と言いたいですね。

自分がいくら欲しいのか明確に意識するべき

――若い人に対するアドバイスをいただきましたが、逆にお二人より年上の、40代以上の人にもアドバイスをいただけますか？

あっきん　40代以上の方は若い人たちよりも投資に回せるお金があると思います。40万円の非課税枠が魅力のつみたてＮＩＳＡだと非課税枠からはみ出しちゃうでしょうし、それだったらもっと高いリターンを期待できるトラリピみたいな商品のほうがいいですよね。

それにきっと老後のことをリアルに考えていて、年金だけだと生活がしんどいと皆さん感じていると思います。なので年金のプラスアルファとしてトラリピがよいかなと。株式投資でいえば配当金生活みたいなイメージで。ある程度元本が増えると、トラリピは簡単には元本が減りませんからね。将来の生活資金としてプラスアルファが欲しい人にお勧めだと思います。

鈴　30代、40代からの年金。そんなイメージとしてトラリピを運用してもらえれば。40代の方はどう生きていくかしっかり考えがあると思うので、大雑把にでも**生きていくのに自分にいくら必要なのかを計算**したほうがいいですね。お金はあればあるほどいいという人も多いのですが、**お金を増やすためにはリスクを取らなくてはいけません。**もっともっとという気持ちが強すぎると、どこかのタイミングで深入りしてしまう危険性があります。40代を迎えると守るものが多くなっているでしょうから、リスクは取りにくいはずです。

私のトラリピの利益は平均すると月20万円くらいなんですよ。２０００万円の運用資金で20万円なので、資金を2億円に増やせば月２００万円の利益になりますが、生活する上で月２００万円もいらないんです。一等地に住みたいとか、趣味にかけるお金がもっと必要という人は、どれくらいお金があれば満足なのか、どういう生活をしたいのかをリアルに考えてみたらよいと思います。このまま定年まで働きたいのか、定年を延長してもっと働きたいのか、それとも早めにセミリタイアしたいのか、給料が減ってもいいから楽な仕事にシフトしたいのか。そのようなことを考えながら、月にいくらあれば満足なのかを考えてほしいです。

あとは、運用に回せるお金がたくさんあったとしても、いきなり1000万円とか大きなお金をトラリピに回さないほうがいいですね。トラリピには向き不向きがありますから。ギャンブラー気質の方は性に合わないでしょうし、やっぱりやめようと思ってもトラリピはすぐにやめにくいので。まずは**少額でコツコツ運用してみて、トラリピが自分に合っているかを見極めて**もらいたいです。

あっきん　メンタルが慣れていないうちに、いきなり1000万円使うのは危ないですね。1000万円で始めて10％下がって含み損が100万円になった場合、マイナス100万円という数字にショックを受けてしまう。**ある程度抑えた金額から始めたほうがいい**でしょう。**メンタルは実際にやらないと鍛えられない**ので、少しずつ金額を増やしていったほうが含み損に対して慣れやすいです。

たった1万円の投資収入が仕事へも好影響を与える

あっきん 鈴さんは投資で得られた楽しさ、喜びみたいなものってありますか? 仕事の収入とは別に月1万円でも入ってくるものがあると、私は気持ちに余裕ができて職場でもゆったり過ごせて(笑)。お金に余裕が出てくると気持ちがどんどん豊かになってくる感覚があって、それが仕事でも良い方向に作用しました。それと、単純に時間をかけて元本を増やせば収入が増えていくスキームを確立したことの楽しさも。手間暇かけてキャラクターを強くしていく育成ゲームみたいな。

鈴 会社以外に収入源があるから、会社に依存することがなくなって、対等な関係になれたのは大きいです。本当は労使関係は対等なはずなんですけど、実際に対等かと言われると難しい。**別の収入源があると精神的に自立**できて、会社にはっきりと意見できるようになるんです。やりたくない仕事を断れるようになって、自分のやりたい仕事ができるようになりました。

あっきん 投資の成果が本業に良い方向に作用していくのはありますよね。私は投資で得たお金でオーダーメイドのスーツを買って見栄えを良くしていましたよ(笑)。

良い服を着ると、気合いが入って仕事もはかどります。

――では最後に。お二人は若くして投資で成功していますが、最終的な目標はありますか？

鈴　私はもう人生の目標を達成しているので、あとは好きなことだけやって、楽しく生きていきます。

あっきん　今は子育てに時間を費やしていて、子どもが大きくなるまではきちんと面倒を見たいですね。今が一番楽しいかもしれません。

エピローグ　時間こそが最強の武器

次のページのグラフ（図⑧－１）は、以下の条件で資産運用をシミュレーションしたものだ。

・初期資金30万円
・毎月３万円ずつを積み立て
・年間利回り12％（月に１％）
・20年間複利運用

この結果、資金は３２９４万円になっている。30万円という少額資金からのスタートでも、安定した月１％の利回りと、毎月３万円の積み立てを20年間続ければ、資金は３０００万円を突破する。ここまでいけば、トラリピの平均月間利益が資金の１％として、３０００万円の元本があれば月に30万円が入ってくることになる。このシミュレーション結果を見て、「人生には夢がある」と感じる人もいれば、「20年も待て

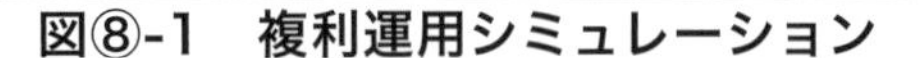
図⑧-1　複利運用シミュレーション

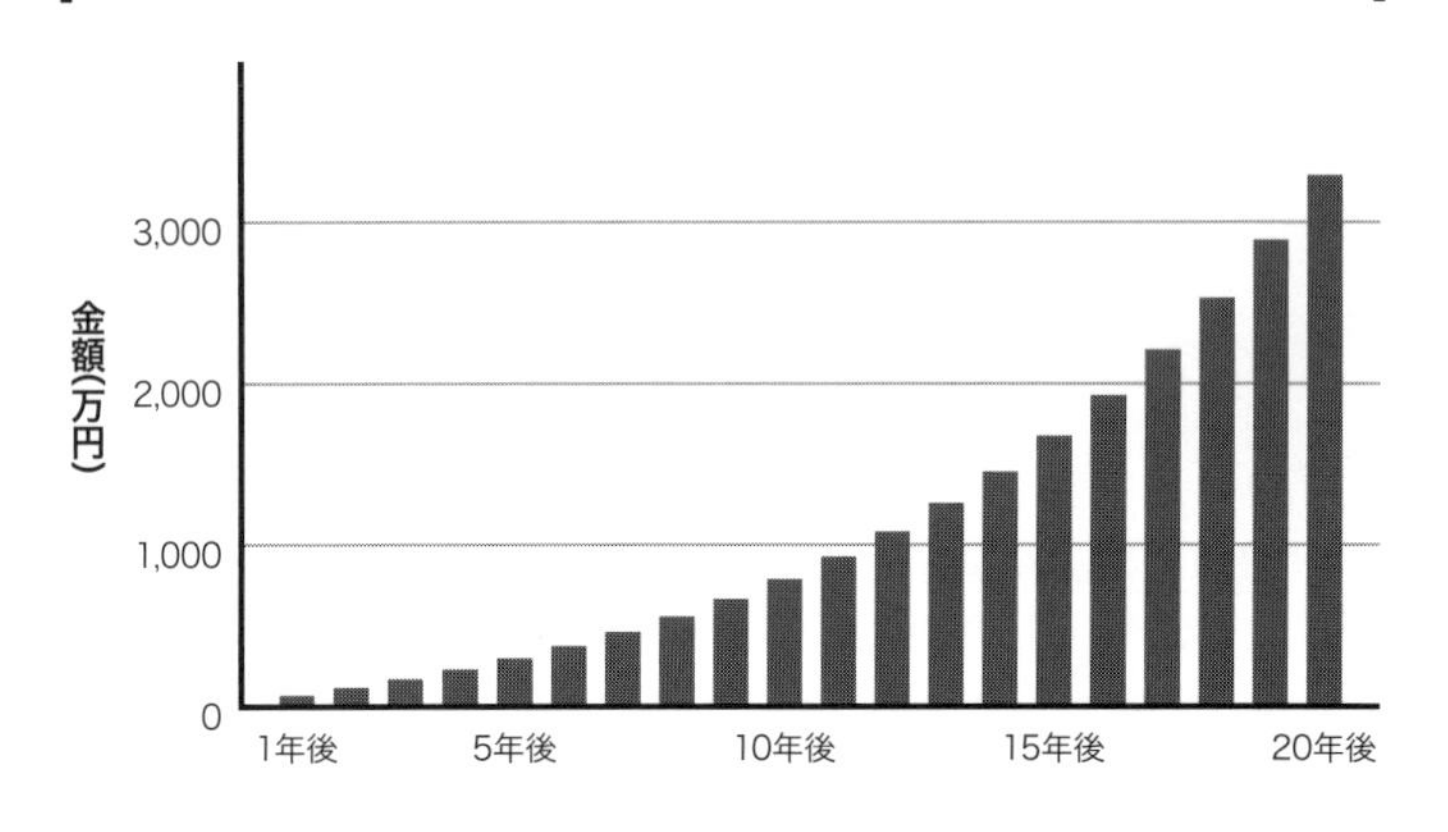

ない」と思う人もいるだろう。

もしあなたが前者のタイプなら、ごく少額の資金からでも、明日からトラリピを始めるべきだ。なぜなら、トラリピのような低リスクでじっくり増やすタイプの資産運用においては、時間こそが最強の武器だからだ。初期資金30万円、毎月３万円ずつ追加投資なら、多くの人にとって実現可能な条件であるはず。にもかかわらず、20年間ぶれずに続けるだけで、資産３０００万円を目指せる。もちろん、初期資金が多かったり、毎月の追加額が多ければ、右肩上がりのカーブはさらに急角度になる。

ＦＸ、トラリピの基礎知識はもちろん必要だが、ある程度理解したらできるだけスタートは早く切ったほうがいい。もちろん、早く始めるほうが有利だからだ。

そして、トラリピ以外のＦＸ運用を同時に行うのもいいだろう。ＦＸは非常に自由な投資なので、トラリピのような自動売買だけでなく、超短期のスキャルピングから年単位でポジションを持つポジショントレードまで、投資スタイルは自由に決められる。トラリピはほとんど時間を取られないので、どんな裁量トレードとの両立も容易だ。そして、裁量トレードで得た利益をトラリピ口座に注入できるなら、資産増加のスピードは当然速くなる。ＦＸ経験者、裁量トレードで利益を出している人にも、ぜひトラリピに挑戦していただきたい。

未来に何が起こるかは誰にも分からない。だからこそ、トラリピのような自動で富を生み出してくれる装置、つまり金の卵を産み続けてくれるニワトリが私たちには必要だ。

トラリピ運用試算表の使い方

しっかりお金が増えていることを実感することで、運用を続けるモチベーションになります。また、管理することで、定期的に運用をチェックすることになります。基本的にトラリピは放置できますが、相場に大きな動きがあってレンジの場所が変わることもありうるため、まったくメンテナンスの必要がないわけではありません。

1 マネースクエアに口座開設をし、
マイページ内の［**トラリピ運用試算表**］をクリック

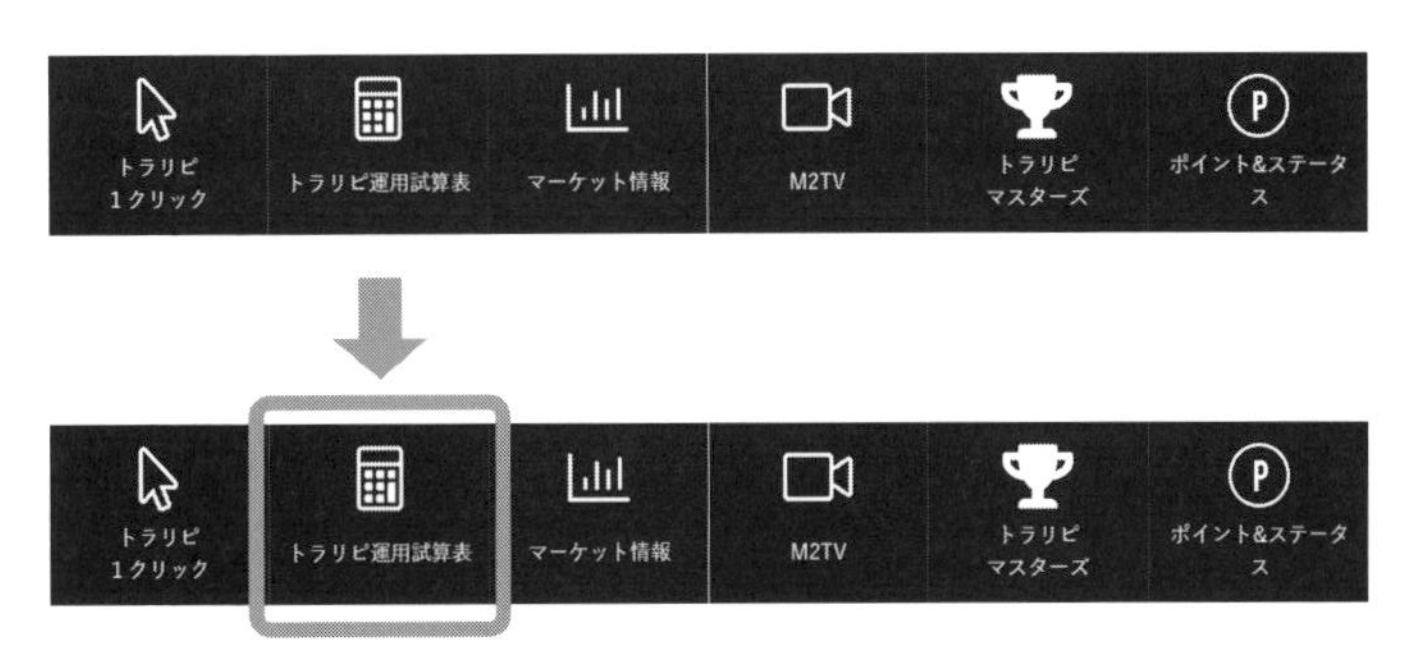

トラリピのトレード画面からもアクセスできる。

2 対円か対ドル、買いか売りを選択

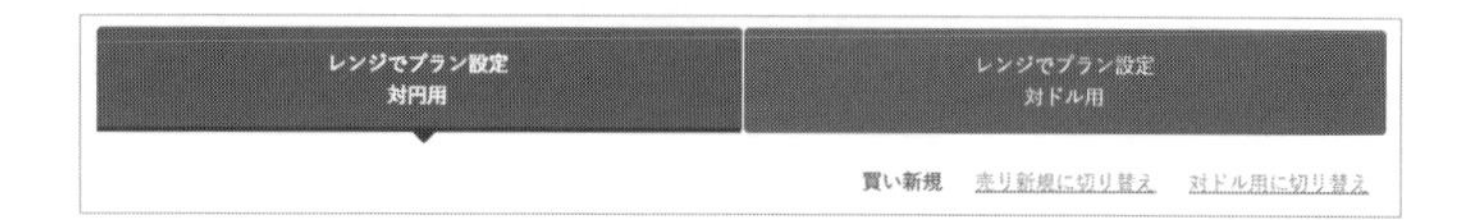

米ドル／円、ユーロ／円などの円とセットになった通貨ペアか、ユーロ／米ドル、豪ドル／米ドルのように米ドルとセットになった通貨ペアかを選ぶ。また、新規買いか、新規売りかも選ぶ。

3 各項目を選択、入力してから［計算スタート］をクリック

通貨ペアは？	運用する通貨ペアを選ぶ
運用予定額は？	口座に入金して運用できる金額を入力
仕掛けるレンジ幅は？	トラリピを動かす価格帯の上下限を入力
レンジ内に仕掛ける本数は？	何本のトラリピを設置するかを決定
1本あたり何通貨？	取引ロットのこと。 1000通貨の場合は0.1と入力
1回のリピートでねらう利益は？	利益確定幅を値幅ではなく価格で決定。1000通貨取引で100pipsを狙うなら1000円
ストップロス設定は？	損切りする価格を事前に設定。しない場合には［**設定する**］にチェックを入れない

4 結果の見方

ポジションの平均価格	ポジションの合計	トラップ値幅
99.996円	5.0万通貨	0.408円
必要証拠金　①	すべて成立時の評価損　②	必要資金の合計（①−②）
200,016円	-499,800円	699,816円
すべて成立時の維持率	すべて成立時の実質レバレッジ（取引総代金÷有効証拠金）	
277.88%	10.00倍	
ストップロス損失額	ロスカット	
-円	83.330円	

ポジションの平均価格	仕掛けるレンジ内の全ての新規ポジション保有を平均したもの。この価格がレンジのちょうど中央にあたると考えられる
ポジションの合計	レンジの1番上から下まで、全てのポジションが成立した場合の取引ロット数
トラップ値幅	新規注文と新規注文の間隔

必要証拠金	全ての注文が成立したときに必要になる証拠金額
すべて成立時の評価損	買いならレンジ下限、売りならレンジ上限のときの含み損
必要資金の合計	必要証拠金とすべて成立時の評価損の合計金額で、価格がレンジ内にあるときの最大リスクにあたり、その運用をするための必要最低限の資金と考えられる
すべて成立時の維持率	最大リスクになったときの証拠金維持率。証拠金維持率が100%未満になるとロスカットとなる
すべて成立時の実質レバレッジ	最大リスクになったときのレバレッジ
ストップロス損失額	設定したストップロス価格に到達したときに失う金額
ロスカット	この価格に到達すると強制ロスカットになる

トラリピ運用試算表活用のポイント

1番重要なのは**【ロスカット】**の価格。この価格がチャート上の史上最安値や最高値よりさらに遠くにあることで、そう簡単には破綻しない安定した長期運用を実現できる。この価格を安全なものにするためには以下の方法がある。

- **【運用予定額は？】を増やす**
- **【レンジ内に仕掛ける本数は？】を減らして【トラップ値幅】を広げる**
- **【1本あたり何通貨？】を減らす**

トラリピは全て自動で売買をしてくれるからこそ、始める前のスタートがとても大切。十分に時間をかけて、安全かつ納得できるプランを見つけたうえで運用をスタートしよう。

※ 本書はFX（外国為替証拠金取引）の仕組みや売買方法についての情報提供を目的としたものです。投資にあたってのあらゆる意思決定・最終判断・実際の売買はあくまでご自身の自己責任において行われるようお願いいたします。
外国為替取引への投資による損失については、著者のあっきん氏、鈴氏および株式会社KADOKAWAは一切責任を負いかねます。

また本書の内容に関しましては正確を期するよう万全の努力を払いましたが、2020年1月以降の為替市場・経済情勢に変化が生じましても、その責任は負いかねますのでご了承ください。

あっきん
トレーダー歴13年、ブロガー歴3年の36歳。子育てと仕事を両立するために11年勤めた県庁を早期退職。13年前に30万円から始めたFXは基本ほったらかしにもかかわらず、3000万円の運用資産に育つ。妻と子ども2人。金沢出身、奈良県在住。
ツイッター　https://twitter.com/_akkin_nara
ブログ　https://akilog.jp/
インスタグラム　https://www.instagram.com/akkin_akilog/

鈴（すず）
2011年に大手IT企業に入社。セミリタイアを目標にFX投資を始める。半年で500万円を失うも、トラリピ投資に開眼し、安定的に月20万円以上を稼ぐ手法を編み出す。セミリタイアを32歳で達成。趣味は資産運用とブログ運営。埼玉県在住。
ツイッター　https://twitter.com/semiritaia_suzu
ブログ　http://semiritaiafx.com/

黄金の卵を産むニワトリの育て方
FXトラリピ最強トレーダーの投資術

2020年1月24日　初版発行

著者／あっきん、鈴

発行者／郡司 聡

発行／株式会社KADOKAWA
〒102-8177　東京都千代田区富士見2-13-3
電話　0570-002-301（ナビダイヤル）

印刷・製本／大日本印刷株式会社

●お問い合わせ
https://www.kadokawa.co.jp/（「お問い合わせ」へお進みください）
※内容によっては、お答えできない場合があります。
※サポートは日本国内のみとさせていただきます。
※Japanese text only

定価はカバーに表示してあります。

ISBN 978-4-04-108953-8　C0033